U0528269

中国阅读文化新论

陆滢竹 编

西藏人民出版社

图书在版编目(CIP)数据

中国阅读文化新论/陆滢竹编.-- 拉萨：西藏人民出版社，2022.9
（虎丘书院文库/王余光，邱冠华主编.第三辑）
ISBN 978-7-223-07181-9

Ⅰ.①中… Ⅱ.①陆… Ⅲ.①读书活动-文化研究-中国 Ⅳ.①G252.17
中国版本图书馆CIP数据核字(2022)第098566号

中国阅读文化新论

总 主 编	王余光　邱冠华
编　　者	陆滢竹
责任编辑	李海平　张世文
封面设计	格次
出版发行	西藏人民出版社（拉萨市林廓北路20号）
印　　刷	苏州彩易达包装制品有限公司
开　　本	890×1240　1/32
印　　张	8.875
字　　数	148千
版　　次	2024年8月第1版
印　　次	2024年8月第1次印刷
印　　数	2000册
书　　号	ISBN 978-7-223-07181-9
定　　价	35.00元

《虎丘书院文库》编委会

编委会顾问：吴　镕

编委会主任：王　尧　王余光

编委会副主任：马亚中　陈东兴　邱冠华

编委(以拼音为序)：

蔡连生　逄成华　龚咏梅　宋　浩　沈建东

陶先刚　吴海梁　熊　静　余振苏　张文贤

《虎丘书院文库》主编：王余光　邱冠华

《虎丘书院文库》
总 序

在多方的共同努力下,《虎丘书院文库》第三辑又将与读者见面了。回顾《文库》走过的历程,从2014年底开始筹划《虎丘书院文库》的编撰事宜,迄今已有三辑15册先后问世,从第一辑《经典的力量》,第二辑《传承的力量》,再到今天的第三辑,在虎丘书院投资人的鼎力支持下,《虎丘书院文库》已经形成了一定的规模和品牌效应。通过《文库》的编撰,虎丘书院与作者团队在"促进经典共读,传承中华文明"方面的构想正在逐步得以实现。我们相信,随着第三辑的正式出版,《虎丘书院文库》会越办越好,能够更加广泛地激发人们对中华传统经典的兴趣,进而主动参与到《文库》建设中来,形成一批经典阅读的优秀成果,为虎丘书院的发展以及构建全民阅读的书香社会做出贡献,这也是我们策划这套书的初衷。

苏州古城,向称人文渊薮。据学者考证,自南宋和靖书院以来,书院林立,仅清一代就建成各类书院53座。书院推动了苏州的教育,培养了大量人才,繁荣了苏州的文化。虎丘山麓,钟灵毓秀,自古以来便是文人雅集、诗歌酬唱之所,有着悠久的历史底蕴和文化积累。2012年,虎丘书院正式设立,以传承苏州文脉、弘扬国学经典为己任,以培训、讲座、故事、图书借阅等多种形式向市民提供免费服务,同时,书院投资人邀请笔者为书院的学术研究出点力,有感于他回馈乡邦的热忱,笔者欣然从命,这是《文库》编撰之缘起。

虎丘书院设立的初衷,一方面是为了延续虎丘地区千载以来的文脉传承,恢复虎丘山麓的历史文化风貌。另一方面,也是更为重要的,是希望通过书院的建设和相关工作的开展,弘扬和传承中华文化,以重振国学为宗旨,支持学者、爱好者从事国学方面的学习和研究,开展国学教育、国学交流等公益文化事业。书院建成以来,已经举办了一系列针对不同受众群体的研习活动,如面向学龄儿童的《弟子规》诵读班和"知心姐姐故事会"、面向大众的《黄帝内经》讲习班和"红学研习班"、面向较高文化层次人群的易经、太极文化研修班等。在学习和授课的过程中,我们经常得到这样的反馈,那些对传统文化、古代经典感兴趣的人们,常常面临阅读方面的困惑。读什么?怎么读?是在交流过程中最常被提出的问题。正是鉴于这种情况,虎丘书院投资人与笔者一起策划出版《虎丘书院文库》,分批分层次地推出一批中外经典导读书籍,为好学者研读中外经典著作提供帮助。

二

虎丘书院建设和运行的投资者,是苏州当地的一家民营企业。企业建设书院、开展公益服务,甚至不愿被人知晓企业的名称,常常被人质疑企业举办书院的目的,以及传承国学经典与企业经营之间的关系。

人的本质是一切社会关系的总和,不论是独立的个人,还是机构或企业,在生存和发展的过程中会与社会环境互相影响。企业投资开办虎丘书院是希冀通过履行社会责任,营造良好的社会环境,社会环境越好,越有利于企业的生存和发展。而所谓的社会环境,其根源来自于这个国家、民族所有的传统文化,也就是说,历史总是在不经意间,以各种各样的方式影响着现在。所以,不了解历史,不能领会传统文化的精髓,也就难以正确地处理今天所面临的现实事务。古往今来,先贤们已经从多个角度阐释过这个道理,"疑今者察之古,不知来者视之往"(《管子·形势》),强调了要古为今鉴;"死亡的历史会复活,过去的历史会变成现在"(克罗齐),阐明了历史与当下的辩证关系;"回顾得越远,可能前瞻得越远"(丘吉尔),提出了回顾历史的现实价值。

可见,一个民族、国家的传统和历史,并不只存在于书本纸张之上,而是在我们日常的一言一行中发挥着作用。甚至具体到商业运作上来说,传统经典的作用也是不能被忽视的。早在先秦典籍之中,古人就已经总结出了许多国家治理和事务管理的有效经验,时至今日也没有过时,展卷细读,仍可从中感受华夏先民的智慧之光。比如,《周易·系辞》说"天之所助者,顺也;人之所助者,信也",强调为人处世必须顺应大道,诚实守信。《孙子兵法·虚实》中说:"兵无常势,水无常形,能因敌变化而取胜者,谓之神。"告诉我们在商战经营中要审时度势,正确地做出决定。类似的经验之谈在古代典籍中俯拾皆是,对于生产、经营都有很高的指导价值。

上面谈到了历史经验和传统文化对现实生活的价值和意义,那么,作为一个普通人,我们应该如何了解和领悟历史之美呢?最简单、也最有效的方法,莫过于阅读传统经典。流传至今的古代经典著作,经过了数千年历史的考验,是古人智慧的结晶,而阅读则是沟通古今的桥梁。在今天这样一个信息爆炸的时代,为什么还要阅读传统经典?笔者认为,至少有以下三个方面的原因。

首先,中国古代有着非常悠久的阅读历史,并且形成了经典崇拜的阅读传统。在物质资源还不丰富的古代,古人读书往往要通过手抄默诵的手段,书籍得来不易,读书人都格外珍惜,因此留下了许多勤学苦读的动人故事。除了书籍本身的贵重,书已经成为了古代读书人生活中不可缺少的部分,明代的一位学者就曾说过:"可无衣、可无食,不可以无书"。古人爱书、读书,甚至到了嗜书如命的地步,除了追求广罗善本、插架琳琅,还十分重视总结各种读书经验和读书方法,对于我们今天阅读传统经典具有广泛地指导意义。在阅读内容方面,自古以来,中国人就十分强调阅读经典,《隋书·经籍志》说:"夫经籍也者,机神之妙旨,圣哲之能事,所以经天地,纬阴阳,正纪纲,弘道德,显仁足以利物,藏用足以独善"。足见经典在古人心中的分量。而后的历朝历代,虽然经典的定义在随着时代发生变化,但经典一直是人们读书的基本选择。

其次,阅读经典是完善个人修养,提高教养的重要方式。"修身、齐家、治国、平天下",是中国古人追求的完美的人生进境。修养自身,是为人处世的第一步。而阅读则是提高个人修养,培养教养所必不可少的手段。1923年,梁启超先生在《治国学杂话》中就提出,中国的学人有必要读一些传统经典。1925年,《京报副刊》组织了一场"青年爱读书""青年必读书"各十部的征求活动,收到了当时最为著名的70余位学者的响应,开列了相关书单。可见,阅读经典的作用得到了学者们的一致认可。而我们为什么要重视经典阅读?除了文化传承的意义而外,经典凝结了数千年来中国人的人生经验,囊括了为人处世的方方面面,通过阅读前人的经验,可以让现在的人们在人生的道路上少走弯路,可以培养我们健全的人格,善良的心灵。

第三,传统经典可以为我们提供处理人际关系、社会事务的各种方法和经验。经典是前人知识的宝库,正如苏轼在《李氏山房藏书记》中所说:"用之而不弊、取之而不竭,贤不肖之所得各因其才,仁智之所见各随其分,才分不同而求无不获者,惟书乎!"今天我们在社会生活中遇到的种种问题,求诸经典,往往能够得到令人耳目一新的答案。古代典籍,本身也源自于古人对生活和实践经验的总结。这些经验和教训对于处理今天的社会事务也是同样适用的。

三

前面我们总结了经典阅读的作用和价值,在当今的社会环境下,人们并非没有认识到传统经典的价值,而是苦于没有好的阅读方法和阅读指导。针对这种情况,2014年底,虎丘书院投资人与笔者协商,希望编撰一套为国学爱好者提供传统经典阅读方面指导和建议的丛书。根据笔者多年从事中国传统经典阅读教学和经典阅读推广工作的经验,由于古代汉语教育的缺失,当今的读者,特别是青少年读者在阅读传统经典方面普遍存在语言障碍。因此,我们策划的这套《虎丘书院文库》,涵盖了推荐书目、原典注释、全本导读等系列书系,在选题策划和组织撰写的过程中,充分考虑读者对象的实际需求,引入分级阅读的理念,争取建立一套立体的、全方位的传统经典释读体系,将《文库》打造成为本领域的著名品牌。

2016年春节后,《虎丘书院文库》第一辑《传承的力量》出版。该书由虎丘书院投资人委托北京大学王余光和苏州图书馆邱冠华组织团队编撰完成。《传承的力量》一套五本,是古代经典名著的选注本。分主题从先秦至清代的典籍中,选择最能代表传统文化精髓的名篇,寻章择句,确定选文;在此基础上,提供注释和翻译。在内容方面,选取了与为人处世关系最为密切的五个主题:修身立德、读书治学、治家教子、安身处世、为官从政,各成一册。每个分编下,又细分出六至八个小类,译文以"信"为主,兼顾"达、雅"。每册正文前有编译者撰写的导言,介绍本编内容、选文出处、分类情况等。

第一辑推出后,取得了较好的反响。2016年初,按照《虎丘书院文库》的整体策划,启动了第二辑的编撰工作,仍由王余光和邱冠华担任主编。第二辑《经典的力量》,采用全本导读的形式。从中国古代瀚如烟海的经典著作中,分主题选择了100本得到人们广泛认可,流传时间长,影响巨大的作品,为之撰写导读,分为:《中国思想与宗教经典导读》《中国政治与文化经典导读》《中国艺术与科技经典导读》《中国史学经典导读》《中国文学经典导读》五册,每册收书20种。

第二辑正式出版后,在王余光、邱冠华先生的总体策划下,第三辑的编撰工作随即启动。考虑到前两辑以选本、要籍导读为主,收书数量有限,不便读者根据兴趣进行拓展阅读。第三辑以推荐书目为主,广泛收集了20世纪以来中外经典推荐书目,并对其分类整理,汇为一编,希望对读者全面了解中外经典,扩大阅读量,提升阅读能力有所裨益。儿童时期是阅读习惯形成的关键阶段,儿童阅读推荐书目也是近年来广受家庭、社会关注的一类书

— 7 —

目,在对近年来权威机构、知名专家发布的儿童推荐书目进行调研整理的基础上,按照年龄段,对各阶段适读书目进行了汇总。推荐书目的内容,往往折射阅读行为与习惯的时代变迁,一定时期内人们关于传统经典的认知、社会观念、人文思潮都会对此类书目产生重要影响,而作为一种导读书目,经典推荐书目的内容又反过来受到读者阅读能力、习惯的制约。因此,从提高书目编制技术,使其更好地服务于全民阅读工作的角度,我们需要对阅读的历史、阅读的时代变迁、阅读文化等问题展开深入研究。从全民阅读文化战略的角度,图书馆是阅读推广工作的主阵地、主力军,而经典阅读推广又是图书馆阅读推广的重中之重,如何借助图书馆的平台和资源优势,整合各方力量,更好地开展经典阅读推广工作,也是理论和实践界的共同使命。上述问题是本科研团队长期关注的话题,为了给书目编制、经典阅读推广工作提供理论支撑,我们将近10年来本团队相关方面的论著进行了汇编整理,以飨读者。

按照上述编撰思路,《虎丘书院文库》第三辑由以下五册构成:《中国经典推荐书目举要》《外国经典推荐书目举要》《少儿适读书目举要》《中国阅读文化新论》《图书馆与经典阅读推广》。由于作者水平有限,疏漏之处在所难免,衷心地希望读者朋友多提宝贵意见,帮助我们不断完善。

最后,在本辑即将面世之际,笔者谨代表作者团队向虎丘书院投资人一直以来的信任和支持致以谢忱。同时,特别感谢西藏人民出版社对经典阅读推广工作的热情,该社藏文编辑部主任才让多杰先生,为本书的顺利出版付出了大量的心血。全民阅读工作的推进和书香社会的建设,离不开社会各界的共同努力,在此一并表示谢意。

中华民族是一个尊重历史、崇尚古训的民族,传统经典在中国人的生活中占据了不可替代的位置。阅读经典可以使人明理,可以培养我们知人阅世的能力,是滋养内心的养料,是让我们心灵强大的源泉,这是阅读的力量,也是经典传承的意义。

是为序。

王余光　邱冠华

2022年10月12日

目 录

前言……………………………………………………………(1)

上编 阅读文化研究

时代变迁与阅读………………………………王余光(3)

纸简替代与阅读转型………………………王余光 熊静(9)

机器印刷术的传入与阅读转型………………………熊静(29)

设立国家读书节:建书香社会 育智慧国民………王余光(43)

重建家庭藏书…………………………………王余光(48)

古代家庭教育中的阅读传统及其启示………………熊静(53)

中国古代家训中的阅读理念阐释……………………熊静(71)

儿童阅读应从纸本开始………………………王余光(87)

探索规律:踏实提高儿童阅读推广水平………………王玮(90)

下编 阅读史研究

《中国阅读通史》序……………………………王余光(95)

"述往事,思来者"

——《中国阅读通史》编纂记…………………王余光(105)

《中国阅读通史》出版访谈录…………………………熊静(110)

中国阅读史理论体系的建构

——写在《中国阅读通史》出版之后………………熊静(125)

— 1 —

中国古代阅读理论研究新进展
——评《中国阅读通史·理论卷》……………………赵 晓(146)
《中国阅读通史·魏晋南北朝卷》撰述的思考与体会
………………………………………………何官峰(154)
阅读史视野下的经典阅读与经典变迁……………郑丽芬(161)
略论阅读传统与书香社会建设……………………王余光(178)
重拾阅读传统 再建书香社会……………………熊 静(185)
论阅读史研究与"书香社会"建设的关系…………熊 静(196)
中国阅读史研究资料述略…………………………熊 静(209)
阅读史与阅读推广的发展…………陈幼华 黄琴玲 刘宁静(230)
魏晋南北朝阅读理论探析…………………………何官峰(246)
护佑读书种子的阅读精神
——以清代前期为例…………………………何官峰(257)

前 言

阅读是伴随着文字出现的一种现象。自汉字诞生之日起,中国阅读的历史就拉开了序幕,并且从未断绝,迄今已经延续了五千年之久。我国阅读史虽然源远流长,史料丰富,但在中国古代学术体系中,阅读从来没有成为一门独立的学问。现代阅读学兴起于西方,1956年1月在美国成立国际阅读协会,标志着阅读学成为了一个独立的学科。20世纪80年代前后,受接受美学中读者反应理论(reader-response theory)的影响,在书籍史研究基础上,阅读学的一个新兴研究领域——阅读史——蓬勃兴起[1]。相比于西方,我国的阅读史研究起步较晚,虽然前期已经做了大量资料整理、集结的工作,也有一些单篇文章发表,但系统研究一直没有展开。近年来,随着西方书籍史(阅读史)经典论著相继被引介入我国,特别是2017年底十卷本《中国阅读通史》的出版,中国阅读史与阅读文化日益成为研究热点。

阅读文化是阅读史研究的核心议题。那么,什么是阅读文化? 解决这个问题前,首先需要明确阅读的定义。我们认为,"阅读是阅读主体(读者)与文本(可以是一本书,也可以是整个宇宙)

---

[1] 王余光,许欢.西方阅读史研究述评与中国阅读史研究的新进展[J].高校图书馆工作,2005(2):1-6

相互影响的过程,是阅读主体实践活动与精神活动的一种体现(《中国阅读通史·理论卷》)",人们通过阅读来认识世界,探索未知,完成知识和文化的传承。因此,"阅读是人类文明生活中的一项重要活动,是文化保存和传播的根本途径,是一种普遍的文化现象。"阅读活动受一个时期政治、学术、经济、文化等多方面的影响,既随着时代的变迁而变迁,同时也是历史传统的延续和继承,这就是文化史研究视角下对阅读的认识。从阅读文化的角度来看,阅读研究的对象不再仅限于读者个体的阅读活动和阅读心理,或是阅读行为的形成机制和阅读的原理,而是将人类的阅读活动置于社会历史的整体环境中去考察,既研究读者和文本的互动,也研究阅读与各种文化要素之间的关系。因此,我们将阅读文化界定为:"阅读文化是建立在物质和社会基础上、受社会制度和意识制约而形成的阅读价值观念和阅读方式。"具体来说,阅读文化包含了三个层次的内容:价值和功能层面(核心层)、制度层面(连结层)、物质和社会基础层面(表层)。第一层次是阅读文化的核心,解答了谁在阅读?如何阅读?在何处读?为什么读?阅读的价值和功能?等观念层面的问题,本质上反映了读者与文本的关系。后两个层面是影响阅读行为的外在因素。阅读文化研究则是针对上述三个层次展开的专门研究。

从学术的角度,阅读文化研究是对我们民族阅读心理与文化的挖掘与体悟。从"倡导全民阅读,建设书香社会"文化战略的角

度,阅读文化研究更具有不可替代的现实意义,其价值主要体现在以下几个方面:

首先,凝练中国历代优秀阅读传统,探索其适应现代传承的内容和途径,是阅读文化研究的重要目标。传统是指历史沿传下来的思想、文化、道德、风俗、艺术、制度以及行为方式[①]。传统延续的动力,在于人们内心的文化认同。我们常说,阅读是中华民族最优良的传统之一,那么,这种传统的内涵是什么?是阅读文化研究者必须要回答的问题。在既往研究中,有学者将中国阅读的传统和精神归结为五个方面:首先,阅读价值观层面,即人们为什么阅读?如何看待阅读的价值?修身宏道,学思行相结合,"学而优则仕",重视经典阅读都属于这方面的内容。其次,阅读方法层面。读书以识字为先,讲究博约结合,循序渐进,形成了完整的背诵和抄写的方法。第三,阅读精神层面。赞颂勤学苦读,读书以立志为先,坚持不懈,虚心涵泳。第四,对文本的尊重,对知识的崇敬、对书籍的珍视,属于阅读传统中的文化情怀。第五,热爱藏书,重视书籍的力量与象征意义。阅读文化研究就是要具象地展示中华民族深远的阅读传统,让今天的中国人认同并自发传承中华民族关于阅读的美好记忆。

其次,总结历代阅读理论和方法,为当前阅读推广实践提供理论支撑,是阅读文化研究的现实价值。读书在中国古人心目中

[①] 夏征农、陈至立编.辞海[M].第六版.上海:上海辞书出版社,2010:260

的地位是十分神圣的,因此,史籍中与读书相关的论述俯拾皆是,其中读书方法和理论占据了很大的比例。历代阅读方法和理论,是阅读文化研究与实践关系最密切的部分,它们既是中华民族宝贵的文化遗产,同时,那些经过时间检验仍被证明有效的阅读方法,也应当被广泛地推介到阅读推广的实践工作中去。

第三,客观呈现阅读文化的变迁,总结历史规律,为当前正在发生的阅读转型提供方向指引。文本是阅读的对象,是阅读行为产生的物质基础。文本的发展,包括外在形态和知识体系两方面的变迁,都会对阅读活动产生深远的影响。在中国历史上,因文本形态变迁曾经引发三次明显的阅读转型,分别为:纸简替代、雕版印刷发明、机器印刷术传入。抄本时代,阅读行为体现出口头阅读和集体阅读、精读、抄读等特点,并且属于少数人的特权。印刷术发明后,书籍数量激增,文本传播速率加快,社会阅读得到了极大的发展,阅读范围扩大,阅读群体泛化,阅读阶层相对下降。当前,数字时代的到来,直接改变了人们的阅读方式,如果说纸本书的阅读是线性的,那么网络时代的阅读则呈现出发散的状态。面对民众新的阅读行为与习惯,阅读推广工作者如何应对?是摆在研究者面前的一道重要课题。

自上世纪90年代起,王余光教授率先带领团队在国内投入阅读文化研究,在资料整理、阅读文化的概念内涵、研究框架、社会环境与阅读转型等研究领域,进行了大量开创性的工作,相关成果于2007年以《中国阅读文化史论》之名集结出版,为十卷本《中国阅读通史》的撰写奠定了坚实的理论基础。2007年至今,因应社会阅读环境的变化,阅读文化研究在继续深入挖掘既有议题的基础上,又产生了大量新的论题,如阅读文化与书香社会建设之间的关系,阅读传统的现代传承等。本团队亦一以贯之地保持了对本领域的关注,相继撰写了一批新的学术论文。为了总结既有成果,厘清研究思路,寻找新的学科增长点,同时引起更多同仁对阅读文化研究的兴趣。我们不揣谫陋,将2007年至今积累的阅读文化研究论文汇为一编,以《中国阅读文化新论》之名推出,就教于方家。这既是对过去工作的一种延续,更是希望通过我们的努力,推进阅读文化研究不断走向成熟,并在全民阅读与文化传承事业中发挥应有的作用!当然,限于学识,文章疏漏之处在所难免,在此也衷心地欢迎各界同仁针对书中涉及的问题展开讨论,给我们提出宝贵的批评意见。

上编 阅读文化研究

时代变迁与阅读

王余光

  2006年4月,中国图书馆学会科普与阅读指导委员会在东莞图书馆成立。2008年,该委员会推出《中国阅读报告》第一辑,包括《耕读传家》、《书香社会》和《爱书人的世界》三种。报告出版后,受到了图书馆界的好评。2009年,中国图书馆学会决定将科普与阅读指导委员会更名为阅读推广委员会,并于当年孔子诞辰日在苏州图书馆成立。委员会成立之时,即决定继续《中国阅读报告》的工作,开始编撰与出版《阅读推广丛书》,以宏扬中国优良的阅读传统,关注今日的社会阅读,迎接时代变迁对阅读的挑战。

  如果说中国家庭阅读有一种传统的话,那就是耕读传家与诗书继世。"耕"是这个以农业文明为主体社会的物质的需要。而"读"则是伦理道德确立和传递的最有效的方式。自汉以下的古代中国,"耕读传家"的理念,即是家庭价值观的核心。今天,我们在一些老宅子里,还能常常看到"耕读传家"、"诗书继世"的对联,以窥见当年这些书香门弟与读书世家的辉煌。

"耕读传家"的传统随着传统家庭的解体,逐步在现代社会消失。随着现代各种媒体,如电视、网络、手机等的不断普及,其进一步分流人们的注意力,分割人们有限的闲暇时间,全国国民的读书率可能会进一步降低。我国家庭藏书与读书人的比例在21世纪将继续呈下滑趋势。在这样的背景下,我们推广读书、鼓励读书,希望重建家庭藏书,让书籍走入每个家庭,为儿童营造一个读书的环境,让"耕读传家"的传统在新时代能赋予更丰富的内涵,并得以延续,是重要而有意义的。

随着经济条件的改善,我们有能力重建家庭藏书。据2005年北京市教委公布的一项调查显示,家庭藏书量与子女在校的学习成绩有关联。这项调查涉及七千中小学生,很多科目的成绩都随家庭藏书量的增加而上升。家庭阅读环境的好坏直接影响儿童的学习兴趣和学习能力。因此,营造一种爱读书、经常与幼儿交谈的家庭学习气氛,便成为家庭文化环境建设中极为有意义也是非常重要的任务。教育家陈鹤琴先生在《为幼儿创设良好的环境》一文中指出:"要孩子学会阅读,我们的家庭、我们的社会,必定要先有阅读的环境"。

近十余年来,读书人,特别是青少年,阅读时间大大减少了。青少年读书的问题,引起教师与社会的普遍关心。就我所知,儿童阅读面临的问题,约略如下数端:

1、应试教育带来的学习压力,使儿童课外读书的时间大大减少。

2、电视、手机、网络及各种网上游戏占去了不少儿童课外时间。

3、不少儿童没有很好的读书条件与环境,儿童图书馆与家庭藏书,还不能普及。

因而,我们强调家庭藏书,与孩子一起读书。在一个充满好书的家庭环境中,家长经常看书、谈论书、珍爱书,孩子耳濡目染地也会成为一个爱书的人。相反,在一个很难找到几本书的家庭里,家长不爱读书,孩子对书籍十分陌生,他们就很难对读书产生兴趣。

随着各种理论的深入,家庭阅读的实践也逐步展开并取得了一定的社会成效。亲子阅读和分享阅读正在逐渐受到人们的重视,推广家庭阅读则是它们非常重要的一个宗旨。

亲子阅读。香港亲子阅读书会是一个非赢利组织,由一群热心儿童出版、图书馆与从事教育的专业人士创立。其宗旨是培养家庭阅读的健康社会风气;鼓励亲子阅读;透过阅读,父母与子女终身学习,共同成长;提供亲子阅读资讯及咨询服务。

分享阅读。起初,以成年人为儿童逐字朗读为主,多次重复之后,随着对故事情节和语言的熟悉性增加,逐步提高儿童对阅读活动的参与水平,使其在整个阅读中发挥越来越大的作用,并最终过渡到儿童自己独立阅读。或通过游戏的方式,提高孩子阅读的兴趣。

个性阅读。指导孩子将阅读与个性体验、实践、讨论、合作、探究相结合。培养孩子在阅读中思考问题与解决问题的能力。

干预阅读。我们知道,阅读不仅是对文字的理解,而且还是一种心理体验的过程。阅读心理学关注阅读的动机、目的、意愿、需求、心境、注意力、兴趣、联想、美感、能力等内容。干预阅读尤其关注阅读的联想问题,美感的问题等。因而,对儿童读物的选择十分重要。

据报道,2009年,在金融危机的背景下,美国政府实施"0-5岁儿童教育计划",其主要内容是由联邦政府拨款资助各州普及学前教育,希望借助该项目使每个儿童在幼年时期不分贫富地获得平等的教育。可见美国政府重视少儿的读书与学习。在我国,相关单位与中国图书馆学会,以2009年4月23日至2010年4月23日为"全国少年儿童阅读年",举办活动,推动儿童读书。我本人也参与其中,深感中国图书馆界在推动儿童读书方面所作的努力。

2009年4月23日,中国图书馆学会在天津少年儿童图书馆举办"2009全国少年儿童阅读年"启动仪式,同时举办"少年儿童阅读高层论坛"。国内儿童文学作家与阅读推广专家赵玫、梅子涵、卢勤、秦文君,及两位德国专家与各公共、少儿图书馆馆长一起,就少儿阅读推广与服务进行了专题研讨。我在论坛上也作了《家庭与儿童阅读》的演讲。同年8月,我受中图学会指派,赴重庆少年儿童图书馆,参加"全国少年儿童阅读年---少儿阅读讲故事大赛",来自辽宁、山东、安徽、广西、湖北、浙江、福建、安徽、广东、广西、重庆的少儿图书馆和公共图书馆选送的44名优秀选手齐聚山城、同场竞技,其中最小的6岁,最大的15岁。我作为大赛的评委,被孩子们讲故事的生动、可爱的场景所感动。同年底,我受邀前往广东中山市图书馆,参加"中国图书馆学会青少年阅读推广专业委员会第一届委员会成立会"。这个委员会的成立,是中国图书馆界重视儿童读书的一个重要标志。诚如该委员会所言:青少年阅读推广专业委员会,将承担着理论研究和实践推动的双重任务,在培养青少年阅读意识、阅读习惯,开展阅读研究等方面担负着主要责任,希望为每一个孩子心中播撒阅读的种子,成为孩子们心灵成长的守望者。2010年2月,我又应邀参加东莞图书馆召开的"儿童绘本导读专家审读会"。以上活动的参与,让我深深感到,中国图书馆界不仅意识到儿童阅读的重要,而且已经开始行动。

让我们讲书中的故事给孩子听,让我们与孩子一起阅读,让孩子快乐地阅读,让我们与孩子在阅读中一起成长。

《阅读推广丛书》,由中国图书馆学会阅读推广委员会,联合国内数家知名图书馆共同主持编写,计划包括以下四种图书:

1、《亲子阅读:送给0-12岁孩子的父母》,邱冠华主编。这是一本关于亲子阅读的百科全书。面向0-12岁孩子的家长,协助他们更好地开展亲子阅读。主要内容有:亲子阅读攻略,好书推荐,丰富的亲子阅读案例。阿甲、作家保冬妮以及海内外20来位大书虫爸妈现身说法,分享自家的亲子阅读经验。操作性强,可供家长随时翻阅。

2、《绘本阅读》,王惠君主编。是一本儿童绘本的阅读指导书。

3、《分享阅读》,吕梅主编。10岁以上读者分享阅读的指南。

4、《数字阅读》,李东来主编。面向普通读者,介绍数字阅读的最新资讯与技巧。

我期待着这套书的面世,以分享作者们指导阅读的智慧与读书的快乐。

(2010年2月)

纸简替代与阅读转型

王余光　熊　静

魏晋时期,纸张取代简帛成为了最重要的书写工具。载体形态的变革,对阅读产生了重要的影响。与简帛时代相比,进入写本时代后,人们阅读对象的类型更加多样,阅读人群的规模不断扩大,通俗阅读也随之兴起,展现出与前一个时代截然不同的特征,是我国古代阅读史上的第一个转型时期。

一、中国古代阅读史研究概述

近年来,随着阅读学的兴起和发展,中国古代阅读史的研究得到了越来越多的关注,取得了不少成果,特别是在史料整理方面,成就斐然,为进一步研究打下了坚实的基础。在展开本文论题之前,首先有必要对前人的中国古代阅读史研究略作归纳,择要述之。

阅读史料的整理和出版。由于中国古代关于阅读的史料十分丰富,早在民国时期,就有学者对其进行总结。1939年,张明仁编成《古今名人读书法》,将历代学人论读书的史料汇为一编,对研究阅读史有一定的参考作用[1]。1993年,王余光、徐雁二位教授主编《中国读书大辞典》(南京大学出版社),分类收录古今中外与读书相关的词条3700余条[2]。1994年,王三山所著《文人书趣》一书,涉及历代学人读书掌故颇多,对阅读史研究有重要的参考价值。1997至1998年间,长江文艺出版社陆续推出《中国名人读书生涯》丛书(1999年台北新视野图书出版有限公司再版),从近代学者、名人中遴选出曾国藩、康有为等十位,紧扣"读书"的主题,通过回顾先哲的读书和治学生涯,希望引起读者对继承和发扬传统文化的思考。1997年,王余光等人等将祁承、吴应箕、陈梦雷、周永年四家所辑历代学人读书事迹与掌故汇为一编,加以译注,以《读书四观》之名出版[3]。2002年,曾祥芹等人编撰《古代阅读论》,选录先秦至晚清学人有关阅读的种种论述,是对中国古代阅读史料的一次全面总结[4]。此外,1935年,中国读书界曾发起过一场以鼓励读书,造成好学风气,提高文化水准为宗旨的读书运动。其时,史学家钱穆应邀写成《近百年来诸儒论读书》,(原名《近百年来之读书运动》,初成于1935年,后收为《学籥》第五篇,1958年香港自刊本),总结了近百年来诸儒的读书论及其所开列的各种入门书目,并在此基础上进行了系统的研究评说,是中国晚清至近代阅读理论研究的重要成果[5]。

中国古代阅读史及阅读理论研究。2000年,北京大学信息管理系部分师生曾以阅读史与阅读文化为论题,举行过一次讨论会,王余光教授就中国阅读史的构建问题提出了一些初步的设想[6]。2001年,王龙在《阅读史研究探论》一文中,就阅读史研究的方方面面作了较为详细的阐述[7]。2005年,王余光、许欢《西方阅读史述评与中国阅读史研究的新进展》,提出了中国阅读史研究的任务和内容[8]。2007年,王余光等人编著的《中国阅读文化史论》第二编"阅读史研究"收录了多篇中国古代阅读史研究论文,总结了近年来中国阅读史研究取得的最新进展,并就中国阅读史研究体系的构建,研究内容的选择等问题展开了讨论[9]。2010年,许欢在《中国古代传统阅读模式研究》一文中,总结中国古代阅读体系具有从阅读的绝对垄断到有限控制等四个特征[10]。

通过上面的回顾可以看出,中国古代阅读史是一个非常宽广的研究领域,但目前的研究主要集中在资料收集,及对古代阅读史特征的宏观概括阶段。对每个具体历史时期内的阅读特征转变缺乏细部考察。考察中西各国阅读学的发展历程可以发现,载体形态的每次变革都会对阅读产生革命性的影响。在中国历史上,纸张取代简帛成为主要的书写材料,是阅读史上文本和载体形态的第一次变革。随着纸简替代的最终完成,中国古代阅读史迎来了第一个转型时期。下面,我们将以纸简替代这一历史进程为研究对象,进行阅读史专题研究的探索。

二、纸张的发明与纸简替代

阅读是伴随着文字产生而出现的一种人类活动。以殷商时期甲骨文为起点,我国的阅读活动至少有三千年以上的历史。通过对中国古代阅读史的观察可以发现,虽然阅读活动的主体是读者和读物,但文本的变迁,特别是载体形态上的变革,常常对阅读产生极其重要的影响。可以说,载体形态的变化,是一个时代阅读转型的诱因,并引领了阅读转型的方向和特征。

从殷商至西周中前期的一千多年里,虽然已经出现了较为成熟的文字,但由于生产条件的落后,书籍和文字一直掌握在少数社会上层手中。不论是教育制度,还是典籍收藏,都体现出"学在官守"的特征,近人黄绍箕曾将产生这一现象的原因归纳为"惟官有书,而民无书","官有其器,而民无其器"[11]。因此,自上古至西周的漫长时间里,阅读是属于少数人的特权。进入春秋战国以后,随着社会动荡的加剧,周王朝的统治力量不断衰退,"学在官府"的局面被打破,原本"立官分守"的典籍散入民间,形成了"天下失官,官学在四夷"(《左传·昭公十七年》)[12]的新景象。孔子就是这种新教育体系中最为杰出的代表。孔子整理六经,但六经并非孔子所创,所谓"六艺非孔氏之书,乃《周官》之旧典也"[13]。可见,春秋以来,私学兴起的一个重要原因,就是原属"官守"的典籍进入民间流通领域。虽然教育的普及程度较前代有很大的提高,但受限于物质和技术条件,书籍仍然是只在上层社会流传的"奢侈品"。从今天的考古发现来看,不论是甲骨文、金文,还是战国后出现的简帛文书,普遍存在刻写不易,成本较高的缺点,而占有阅读材料,是阅读活动的基础。于是,当一种更加轻便廉价的书写材料——纸张出现后,中国古代阅读史掀开了新的篇章,东汉至魏晋的二百多年,是中国阅读史上第一个特征明显的转型时期。

作为书写材料的纸张,大致出现在东汉后期。《后汉书·宦者传》最早记载了蔡伦改造纸张的经过:

蔡伦,字敬仲。……自古书契多编以竹简,其用缣帛者谓之为纸。缣贵而简重,并不便于人。伦乃造意,用树肤、麻头及敝布、鱼网以为纸。元兴元年(105)奏上之,帝善其能,自是莫不从用焉。[14]

近年来的考古发现已经证明,在蔡伦之前已经有纸张出现,但并未被广泛应用于书写[15]。如前引史料所叙,当时人们所指称的纸,实际上是"缣帛",一种造价昂贵的丝织品。正是因为缣帛贵重,竹简制作繁难,蔡伦才在前人造纸法的基础上,以成本低廉的树皮、麻布为原料,改进了纸张的生产工艺。蔡侯纸发明后,凭借造价低,便于携带的优点,很快在社会上,特别是中下层士子中流行开来。然而,纸简替代却并不是一个短暂的过程。作为一种新的载体形态,虽然纸张具有物美价廉的优势,但从东汉末年直至三国时期,官府的正式文书仍以简帛为主,在人们的认识中,书写材料也以"帛"为尊。如《后汉书·儒林传》记载东汉末年董卓兵乱,移辟雍、东观等处典策文章,所得仍以"缣帛图书"为主[16]。又如《三国志·魏志》卷二裴松之注引《魏略》:"胡冲《吴历》曰:'帝以素书所著《典论》及诗赋饷孙权,又以纸写一通与张昭'"[17]。可见,在时人眼中,素是高级书写材料,纸则要等而下之了。

关于纸张取代简帛的确切时间,学界仍然存在争议。大致说来,约在蔡侯纸发明的一百年后,即魏晋时期,纸简更替的历史进程最终完成。晋代学者傅咸专门创作了《纸赋》,来极力称赞这种新兴的书写材料:"夫其为物,厥美可珍。廉方有则,体洁性真。含章蕴藻,实好斯文。取彼之弊,以为此新。揽之则舒,舍之则卷。可屈可伸,能幽能显。[18]"可见,经过一百多年的发展,纸张的优越性才得到了人们的普遍认可。随着纸张作为书写材料的普及,人们的阅读行为也发生了许多新的变化。

三、写本时代的阅读转型

(一)书籍数量的激增

纸张的使用,对阅读最为直接的影响,是书籍数量的激增和流通速度的加快。在简帛时代,由于制作工艺和造价的限制,书籍只能为少数人所拥有,且种类稀少,流通不便。纸张出现后,价廉而易得,普通的士子也可占有阅读材料,社会上流通的书籍数量因此而激增。《隋书·经籍志》是继《汉书·艺文志》后,我国现存较古的一种史志目录,记载了隋朝一代藏书,其中《总序》略论自汉末以来官府藏书之聚散情况:谓刘向父子校书时,"大凡三万三千九十卷";魏晋期间受战乱所累,四部藏书减至"二万九千九百四十五卷";南朝宋谢灵运整理《四部目录》,载书"六万四千五百八十二卷";而至《隋书·经籍志》作时,则"合条为一万四千四百六十六部,有八万九千六百六十六卷"[19]。可见,从东汉末年至魏晋南北朝时期,虽然官府藏书迭遭兵燹,但在数量上仍保持了较快的增速。

比藏书数量的增减更能说明书籍增长情况的是部类的变革,刘向父子作《七略》、《别录》,将经见书籍分为七类,至《隋书·经籍志》,七部分类被淘汰,取而代之的是"经史子集"的四部分类法。分类法的变革,决定性因素是学术思想变迁和社会思潮变革,但直接表现形式往往是某一部类书籍的减少,或新兴部类的兴起。以四部中新出现的"集部"为例,《隋书·经籍志》总集"叙"述其源流:

> 总集者,以建安之后,辞赋转繁,众家之集,日以滋广,晋代挚虞,苦览者之劳倦,于是采摘孔翠,芟剪繁芜,自诗赋下,各为条贯,合而编之,谓为《流别》。是后文集总钞,作者继轨。属辞之士,以为覃奥,而取则焉。[20]

集部是四部分类法中的新兴部类,集部书的大量出现在东汉建安以后,恰好与纸张普及的时间吻合。作为一种抒发个人情怀,记载私人著述的类别,集部书籍数量的激增,固然与东汉以来诗赋文体的兴起密切相关。同时也说明了,纸张用于书写后,作者群体的扩大。越来越多的读书人可以拥有书籍,进而进行创作。

除了诗赋等新兴文体的出现,原有部类的变化也同样说明了问题。《七录》是南北朝梁人阮孝绪的一部重要的目录学著作,其书虽然继承了刘向的七部分类,但具体的类目设置已经发生了较大的变化,如在《七录序》中阐释史部源流,谓之:

> 刘氏之世,史书甚寡,附见《春秋》,诚得其例。今众家记传,倍于经典,犹从此志,实为繁芜。且七略诗赋不从六艺诗部,盖由其书既多,所以别为一略。今依拟斯例,分出众史序记传录为内

篇第二。[21]

可见魏晋之世,书籍数量激增之势。除了书籍数量的增长,纸张被广泛应用于书写,也促进了书籍的流通。书肆大量出现,抄写成为了图书流通的主要形式。对此,汉魏时期的史书多有记载,以下试拈几例说明:

班超,字仲升。……超与母随至洛阳。家贫,常为官佣书以供养。[22]

(王)充少孤,乡里称孝。后到京师,受业太学,师事扶风班彪。……家贫无书,常游洛阳市肆,阅所卖书。[23]

《后汉书·卷一一四·列女传》记蔡文姬抄书之事:操因问曰:"闻夫人家先多坟籍,犹能忆识之否?"文姬曰:"昔亡父赐书四千许卷,流离涂炭,罔有存者,今所诵忆,才四百余篇耳。"操曰:"今当使十吏就夫人写之。"文姬曰:"妾闻男女之别,礼不亲授。乞给纸笔,真草唯命。"于是缮书送之,文无遗误。[24]

阚泽字德润。……家世农夫,至泽好学,居贫无资,常为人佣书,以供纸笔,所写既毕,诵读亦遍。[25]

前引史料,班超、王充为东汉初人,生活在蔡伦改进造纸术之前,但此时已经出现了书肆和以抄书为业者。书肆的出现,无疑为普通士子拥有学习材料打开了方便之门。通过成为佣书人,一些贫寒无依的青年学子,也找到了一条阅读的捷径。同时,书肆有追求利润的诉求,在物美价廉的"蔡侯纸"出现后,也更加容易接受这种新兴的书写材料,通过贩卖纸张抄写的书籍,大量典籍、文论得以迅速流传。至三国时期,情况又发生了变化,纸张俨然已经取代了简册,成为了主要书写材料,抄写也成了书籍流通的主要方式。

书籍是阅读的基础,书籍数量的增长和流通速率的提升对阅读行为有非常明显的促进作用。廉价的书写材料——纸张的发明,为图书的创作和流通提供了物质保障。自东汉末年至魏晋时期,图书数量的激增是本时期阅读史上的第一个突出特征。

(二)文本传播速率加快

前面我们已经提到,纸张的使用,不仅使书籍数量激增,同时也加快了文本的传播速率。在简帛时代,由于竹简制作繁难,帛书造价高昂,知识的传播主要靠师徒之间的口传心授,文本的流传比较缓慢。纸张被用于书写后,通过传抄的形式,优秀的作品能够很快地在社会上流传,使得文本的传播速率大大加快。

以晋代文学家左思的名篇《三都赋》为例,据《晋书·卷九二·文苑传》所载,左思构思十年而成的《三都赋》,本不为世人所重。左思"以其作不谢班张",诣名士皇甫谧,"谧称善,为其赋序",后又有张载、刘逵、卫权等人为之作注。左赋遂名声大噪,"于是豪贵之家竞相传写,洛阳为之纸贵。"[26]左思生活在纸张普及之后的魏晋时期,故其作品能在当时即引起轰动,达到"洛阳纸贵"的效果,这在简帛时代是不可想象的。

再如东汉末年文学家崔瑗(77-142)《与葛元甫书》:"今遣奉书,钱千为贽,并送《许子》十卷。贫不及素,但以纸耳。"[27]以纸抄的书籍赠送友人,在当时的中下层文人中应当已经比较常见,书籍也因此能够以较快的速度在知识分子间流传。

文本传播速率加快的另一个突出表现,是书信体文学的兴起。简帛时代,能够发表并传播的多是比较正式的作品,信件等私人性的文字比较少见。汉末以来,知识分子间的书信交往明显增多。《后汉书》《三国志》等书中,关于通信的记载比比皆是。如东汉文学家马融的《与窦伯向书》:"孟陵奴来,赐书,见手迹,欢喜何量,次于面也。书虽两纸,纸八行,行七字。七八五十六字,百一十二言耳。"[28]《三国志》卷七录陈琳《与臧洪书》:"又言伤告绝之义,非吾所忍行也,是以捐弃纸笔,一无所答,亦冀遥忖其心。知其计定,不复渝变也。重获来命,援引古今,纷纭六纸,虽欲不言,焉得已哉。"[29]从"书虽两纸"到"纷纭六纸",体现了纸张用作书写材料,普及程度的提高。在人们日渐适应了这种新的载体形式后,文字交往因之变得更加频繁与便捷。

赠答诗是书信体文学的一个变体,魏晋间文人同题或应答之作的数量远超前代,仅以建安七子为例,即有曹植《赠丁仪王集诗》、繁钦《赠梅公明诗》、邯郸淳《答赠诗》、刘桢和徐干《赠五官中郎将四首》,以及曹丕、王粲、陈琳的同题之作《柳赋》等[30]。此类诗作出现的前提,是个人作品能够迅速地在交游圈中传播,并及时得到反馈。赠答诗的大量出现,恰好从侧面说明了魏晋时期文本流传的速度之快。

正如傅咸在《纸赋》中所歌颂的一样,小小一页纸张,带给人们的不仅仅是书写材料的改进,更为重要的是拉近了人与人之间的距离,所谓:"若乃六亲乖方,离群索居,鳞鸿附便,援笔飞书,写情于万里,精思于一隅。[31]"对于阅读者来说,纸张的应用,一方面使得文本的流通速度大大加快,人们可以在相对短的时间内,读到更多地书籍,特别是当代人的作品。另一方面也使文本的传播更加自由,"援笔飞书",即可与千里之外的友人故旧畅意抒怀。于是,抒发个人情感成为了这一时期文学创作的主流。而个人作品发表与传播的简便与自由,也反过来刺激了人们的创作热情。

(三)阅读人群的扩展

上面我们从阅读对象的角度分析了新的载体形式——纸张出现后,阅读史的新特征。受纸张普及带来的影响,阅读行为的另一极,阅读者也发生着变化。书籍数量的增长以及知识流通的便捷,使得阅读人群的规模得到了进一步的拓展,新的阅读方式——自学也随之发展。

前面我们曾经说到,春秋以前的教育"学在官守",章学诚释之为"三代盛时,天下之学,无不以吏为师"[32],故有吏则有师,只有官学才有能力提供教育资源。春秋时期,"礼崩乐坏","礼失而求诸野",官守典籍散入民间,孔子整理经书,提出"有教无类"的教育理念,使受教育者的范围得到了一定程度的拓展。然而,由于当时的典籍主要以简帛书写,普通士子根本无法承担,知识的传播主要依靠师徒之间的口传心授,学生必须追随老师进行学习和阅读。《礼记·曲礼上》有云"礼闻来学,不闻往教"[33],正是这种现象的写照。成书于西汉的《礼记》,虽然是对先秦典籍的辑录,但考虑到汉代前期只有简帛书写的书籍,便可理解为何"来学"可行,而"往教"不易了。

对此,清人皮锡瑞在《经学历史》中有精彩的阐释:

汉人无无师之学,训诂句读皆由口授;非若后世之书,音训备具,可视简而诵也。书皆竹简,得之甚难,若不从师,无从写录。非若后世之书,购买极易,可兼两而载也。负笈云集,职此之由。[34]

从这段话中可以看出,简帛时代之后,由于书籍变得易读易得,原有的师承关系被打破,普通士子可以通过自学的方式掌握知识。站在阅读史的角度来看,正是纸张的使用,打破了阅读的壁垒,使得原本只属于少数人特权的阅读行为,变得普遍而平常。

为了进一步说明汉末自学之风的盛行,以下亦略举几例说明:

朱买臣,……家贫,好读书,不治产业,常艾薪樵,卖以给食,担束薪,行且诵书。[35]

兴平(194-195)中,关中扰乱,(董遇)与兄季中依将军段煨。采稆负贩,而常挟持经书,投闲习读。[36]

初平(190-193)中,三辅乱,(隗)禧南客荆州。不以荒扰,担负经书,每以采稆余日,则诵习之。[37]

东莞臧逢世,年二十余,欲读班固《汉书》,苦假借不久,乃就姊夫刘缓乞客刺书翰纸末,手写一本,军府服其志尚,卒以《汉书》闻。[38]

上引几例中的传主,都是家境贫寒的士子,纸张抄写的书籍,轻便而价廉,普通人也有能力购买。汉末以来,阅读人群的扩展,与此息息相关。至魏晋南北朝时期,"士大夫子弟,数岁以上,莫不被教,多者或至《礼》、《传》,少者不失《诗》、《论》",以至于形成了"若能常保数百卷书,千载终不为小人也"[39]的普适阅读观,新兴的书写材料——纸张的功不可没。

(四)私人著述大量涌现

在谈到纸张的使用对书籍传播产生的影响时已经提到,汉末以来,私人著述大兴。纸张的便捷性,为个体创作奠定了基础。皮锡瑞在《经学历史》中也同样注意到了这一点:

一则前汉笃守遗经,罕有撰述。章句略备,文采未彰。(汉书)《艺文志》所载者,说各止一、二篇……后汉则周防撰《尚书杂记》三十二篇,四十万言。景鸾作《易说》及《诗解》,又撰《礼略》,及作《月令章句》,著述五十余万言。赵晔著《吴越春秋》、《诗细》、《历神渊》。程会著书百余篇,皆五经通难,又作《孟子章句》。何休作《公羊解诂》,又训注《孝经》、《论语》,以《春秋》驳汉事六百余条,作《公羊墨守》、《左氏膏肓》、《谷梁废疾》。许慎撰《五经异义》,又作《说文解字》十四篇。贾逵集《古文尚书同异》三卷,撰齐、鲁、韩诗与毛氏异同,并作《周官解故》。马融著《三传异同说》,注《孝经》《论语》《诗》《易》《三礼》、《尚书》。此其盛于前汉者二也。"[40]

通过皮锡瑞的考察,两汉之间,后汉学者的著述量要远远多于前汉。出现这一现象的根本原因,在于两汉学风之变,以及今古文经学之争。但是,为什么只在后汉,私人著述的数量得以跃升。这当与纸张使用,文人著作条件改善不无关系。

上面举了经学的例子。实际上,汉末以来,各领域的私人著述数量都呈现了几何级数的增长。前引《隋书经籍志》《七录》序文颇可说明问题。纸张价廉,书籍写成后,可以通过抄写副本广为传布。大量制作副本,又可保证书籍能够流传后世。这无疑会给创作者带来极大的满足感和责任感。故此曹丕才会在《典论·论文》中说:"盖文章,经国之大业,不朽之盛事。年寿有时而尽,荣乐止乎其身,二者必至之常期,未若文章之无穷。是以古之作者,寄身于翰墨,见意于篇籍,不假良史之辞,不托飞驰之势,而声名自传于后。"[41]可见,至魏晋时期,私人著述,特别是文学作品的写作,已经成为了文人的自觉。

私人著述的大量增长,除了为阅读提供了丰富的原料。同时,也给人们的知识结构带来了新的变化。随着书籍的增多,人们的知识总量已不可同日而语。魏晋之后,文人用典成风。以前面提到的《三都赋》为例,书成后,陈留人卫权为之作《略解》,誉之"余观三都之赋,言不苟华,必经典要,品物殊类,禀之图籍;辞义瑰玮,良可贵也。"[42]并有多位著名学者为本书训诂,足见其书之广博。因应这种需要,一种新的书籍形态应运而生。

《三国志·魏志》卷二载:初(文)帝好文学,以著述为务,自所勒成垂百篇。又使诸儒撰集经传,随类相从,凡千余篇,号曰《皇览》。[43]

《三国志·杨俊传》注引《魏略》曰:"魏有天下,拜(王)象散骑侍郎,迁为常侍,封列侯,受诏撰《皇览》,使象领秘书监,象从延康元年始撰集,数岁成,藏于秘府,合四十余部,部有数十篇,通合八百余万字。"[44]

类书在魏晋之时出现并非偶然,其主要目的就是为了解决知识总量激增的情况下,文章创作的难题。对阅读者来说,私人著述的增多扩大了人们的阅读范围,皮锡瑞所谓"后汉经学盛于前汉者",在于前汉学者仅能"专一经",而后汉学者诸经皆通,恰好说明了这一点。

另一方面,书籍数量的激增,也会对阅读产生困扰。首先是如何鉴别读物的问题。纸书流行后,原本师传口授的传承秩序被打破。书籍以一种更加商业化的形式流传,抄写的书籍成为了人们学习的主要依据。于是,伪书也随之增多。汉魏以来,不少学者出于各种目的制造伪书,较著名者如王肃《孔子家语》、郑玄《孝经注》、张湛《列子注》、东晋初梅赜《古文尚书》等。这些伪书在今天看来自有其价值。但是对于当时的读者而言,如何判定这些书籍的版本源流,也是面临的一个难题。此外,为了应对知识结构的变化,类书这种便于检索的书籍形式出现,虽然便利了文人的创作,但是也不可避免地使人们的知识变得碎片化。这种趋势,在科举制度成熟后,表现得更加明显。

(五)通俗阅读兴起

纸张虽然是一种物美价廉的书写材料,但是在其使用之初,与传统的简帛文本相比,地位要等而下之的多。在使用纸张的初期,纸写书籍长期与私人化写作,以及世俗化、娱乐化的作品相关联。汉代以前的儒家正统思想中,乐府、小说之类的通俗作品处于十分边缘的地位,不为社会上层和高级知识分子所重视。简重而帛贵,在简帛时代,人们不可能以珍贵的简帛来书写这类娱乐性作品。因此,小说、乐府等通俗文体的发展与纸张的使用,具有天然依附的关系。纸张作为一种新的载体形态,在产生之初并不得到主流文化的认同,只能更多地运用到私人写作,以及通俗作品创作中去。小说、乐府等通俗文体,借纸张传抄之便,迅速流传。而这种通俗易懂的文本内容,很容易得到普通民众,特别是占据人口数量绝对多数的中下层民众的喜爱,反过来加快了纸张的普及程度。当新载体在技术上日益成熟,相对于旧载体展现出越来越多的优势时,新载体取代旧载体也就不可避免了。而当纸简替代这一历史进程最终完成,纸张取代了简帛成为了主流载体形态后,人们的观念发生改变,不再以纸本为陋。这也在一定程度上提升了主要以纸本形式流传的娱乐性文学的地位。

魏晋时期,小说类的文本在社会上已有相当规模的流传,如曹植《与杨德祖书》谓之:"今往仆少小所著辞赋一通相与。夫街谈巷说,必有可采,击辕之歌,有应风雅,匹夫之思,未易轻弃也。"[45]《三国志·魏志》卷二十一裴松之注引《魏略》也记载了曹植一则诵读小说的故事:"植初得淳甚喜,延入坐,不先与谈。时天暑热,植因呼常从取水自澡讫,傅粉。遂科头拍袒,胡舞五椎锻,跳丸击剑,诵俳优小说数千言讫。"[46]

魏晋小说今多已不传,但存留的目录尚有邯郸淳《笑林》三卷、《艺经》、曹丕《列异传》三卷、佚名《李陵别传》、《赵飞燕传》、《汉武帝内传》等,亦可略窥一斑。除了小说之外,汉魏时期,相对于汉赋和散文,五言诗也属于通俗文学的范畴。今天存留的众多无名氏作品,如著名的《孔雀东南飞》、《古诗十九首》等,也能够说明当时通俗文学的阅读在民间的影响力。

综上,我们考察了简纸替代时期阅读史所体现的特征。纸张作为一种新兴的书写材料,凭借其更高的书写效率和低廉的成本,最终取代了简帛,成为了文本的主要载体形态。随着纸张的普及,制作书籍的成本大大降低,书籍数量成倍增长,原本一些家境贫寒的士子也可拥有相对丰富的阅读材料,阅读群体的范围得到了扩展。知识阶层的增多,以及文本流传速率加快,又反过来刺激了人们的创作热情,私人著述数量激增,进一步丰富了阅读的素材。从阅读的内容来看,汉末以来,由于知识总量的累积,人们的阅读面越来越广,为了满足阅读和创作的需要,类书应运而生,为人们提供了快速阅读的途径。另一方面,表达私人情感的文体形式在这一阶段飞速发展,书信体、五言诗、小说等通俗文本的流传加快,阅读开始进入了一个私人化的时代。

当我们对中国古代阅读史进行全景式回顾时不难发现,在每次阅读转型的背后,总能看到技术变革,文本变迁的影子。上面我们对纸简替代的研究已经说明了这一点。上世纪末以来,伴随着网络信息技术的发展,数字化时代的到来,人们的阅读行为又面临着新的节点,距离我们最近的一次阅读转型正在悄然发生。从历史的经验来看,新媒体取代旧媒体是发展的必然趋势。在新旧媒体交替的过程中,如何在充分利用新媒体优势,加快文本传播速率,提高阅读率的同时,继续继承旧媒体的优点,保障阅读的深度,是我们面临的新课题。而对历史上阅读转型所进行的考察,正是我们一次以史为鉴的尝试。唐宋时期雕版印刷术的发明,近代西方机器印书技术的传入,是简纸替代后,中国书籍史和出版史上两次具有划时代意义的事件,也是阅读史研究的重点。通过本文的努力,我们期望能够引起更多同行的注意,为中国古代阅读转型研究构建一个立体的研究体系,从而为网络时代的阅读转型提供更加坚实的理论基础。

(2014年4月)

参考文献：

[1]张明仁.古今名人读书法.北京商务印书馆,2007

[2]王余光,徐雁.中国读书大辞典.南京南京大学出版社,1993

[3]王余光.读书四观.武汉:湖北辞书出版社,1997

[4]曾祥芹,张维坤,黄果泉.古代阅读论.郑州:大象出版社,2002

[5]钱穆.近百年来诸儒论读书//.学龠.北京:九州出版社,2010

[6]李常庆等.开卷有益——阅读史与阅读文化座谈会纪要.图书情报工作,2001(1)

[7]王龙.阅读史研究探论.图书馆理论与实践,2001(1)

[8]王余光,许欢.西方阅读史述评与中国阅读史研究的新进展.高校图书馆工作,2005(2)

[9]王余光.中国阅读文化史论.北京:北京图书馆出版社,2007

[10]许欢.中国古代传统阅读模式研究.图书与情报,2010(5)

[11]黄绍.中国教育史//.俞天舒.黄绍箕集.政协瑞安市文史资料委员会,1998:281

[12]杨伯峻.春秋左传注.北京:中华书局,1995:1389

[13](清)章学诚,王重民.校雠通义通解卷一.上海:上海古籍出版社,2009:2

[14][16][22][23][24]范晔.后汉书.北京:中华书局,1965:2513,2548,1571,1629,2801

[15]潘吉星.中国科学技术史造纸与印刷卷.北京:科学出版

社,1998:49-58

[17][25][29][36][37][43][44][46](晋)陈寿,(宋)裴松之.三国志.北京:中华书局,1959:89,1249,233,420,422,88,664,603

[18][27][28](唐)欧阳询.艺文类聚.上海:上海古籍出版社,1982:1053,560,560

[19][20](唐)魏征.隋书.北京:中华书局,1973:903-909,1089-1090

[21]武汉大学图书馆学系.目录学研究资料汇辑第二册,武汉:武汉大学图书馆学系,1983:42

[26][42](唐)房玄龄.晋书.北京:中华书局,1974:2376-2377,2376

[30]查屏球.纸简替代与汉魏晋初文学新变.中国社会科学,2005(5)

[31](晋)傅咸.纸赋//.全上古三秦汉三国六朝文第四册,石家庄:河北教育出版社,1997:531

[32](清)章学诚.文史通义.上海:上海古籍出版社,2008:70

[33](汉)郑玄.(唐)孔颖达.礼记.上海:上海古籍出版社,1990:15

[34][40](清)皮锡瑞,周予同.经学历史.北京:中华书局,1959:131,127

[35](汉)班固.汉书.北京:中华书局,1962:2791

[38][39](北齐)颜之推,王利器.颜氏家训集解卷三"勉学第八".上海:上海古籍出版社,1980:189,141-145

[41](魏)曹丕,(清)孙冯翼.典论.北京:中华书局,1985:1-2

[45](魏)曹植.赵幼文.曹植集校注.北京:人民文学出版社,1984:154

机器印刷术的传入与阅读转型

熊 静

19世纪后半期以来,随着机器印刷技术的传入,我国的图书出版业发生了根本性的变革。机器印书的普及,促使图书生产效率成倍提高,书籍数量和门类都远远超过了以往的任何时代。在技术变革和社会思潮的双重影响下,中国阅读史迎来了第三次转型时期。人们的阅读范围不断扩大,阅读的普及率迅速提高,通俗阅读蔚然成风,也对传统经典的定义进行了新的诠释。

1 引言

自唐代中期印刷术发明以来,以木刻版印为特征的中国传统出版业,长期保持着稳定而缓慢的发展速度。其间虽有毕昇发明活字印刷术,但活字印书的应用范围一直十分有限,并未打破古代出版业的原有格局。然而,传统出版业缓慢发展的局面,却随着1840年鸦片战争的一声炮响,被无情地打破了。如果没有外来文化的介入,中国的雕版印书业也许还会沿着原来的路线继续缓步前进。然而,晚清以来,列强坚船利炮的刺激,以及西风东渐的影响,使得中国社会从根本上发生着变化。不管是被动接受,还是主动学习,西方文明以一种近乎强横的姿态,强势地浸入到中国社会生活的方方面面。人们的价值观在重组,对传统经典的认识也在经受考验。中国出版业处于这样一个变革时代,也不可避免地被历史的洪流裹挟前行。伴随着西方先进出版技术,特别是铅字印刷术的传入,我国的出版业发生了革命性的变化。机器印刷逐渐取代传统的雕版印刷术,成为了图书生产的主要方式。

技术变革,特别是由技术变革所引发的文本变迁,对阅读史的影响是决定性的。自文字发明以来,以纸简替代、雕版印刷术发明为标志,我国古代阅读史已经经历了两次大的转型时期。机器印刷术在我国的普及,开启了第三次阅读转型的序幕。而这次转型所带来的影响,不论是在深度还是广度上,都远远超过了历史上的任何时期。

2 机器印书时代的阅读特征

随着机械印刷术的普遍应用,图书出版更加快捷,报纸杂志等一些大众读物也不断增多,这对传统阅读带来了很大冲击。由于西学引进与新式教育的开展,阅读的内容也变得比以往更为丰富多样。从阅读的形式上看,过去强调高声朗诵、熟读成诵,而此时大多数人只是默读、泛泛浏览。在经典阅读方面,展现了从艰深到浅显,从文言到白话,从原本到节本,从专集到选本的特征,呈现了大众化和通俗化的发展趋势。

2.1 机器印书时代的图书出版

中文铅印技术,最早是由西方传教士发明的。19世纪中叶,出于传教的需要,西方传教士在中国沿海地区开设了一些出版机构,印制宗教书籍。为了提高印刷效率,传教士们将西方先进的印刷术带到了中国,并成功地应用和发展了中文铅印技术[1]。其后,随着洋务运动的兴起,铅印技术很快被官书局吸收,中国本土的出版机构也迅速地超越了教会,成为出版业的中坚力量。特别是20世纪初以后,民营出版社发展迅速,上海成为了亚洲的出版中心,出版规模在世界范围内都是首屈一指的。据《民国时期总书目》统计,1911年至1949年9月间,在我国出版的中文图书有124000余种[2]。如果做一个横向比较,中国古代规模最大的丛书《四库全书》,收录的图书也只有3461种,加上6793种存目,总数不过一万余种[3]。当然,《四库全书》并不能完全反映中国古代典籍的总量。但是,中国传统的雕版印刷业,在效率上远远不如机器印刷,是不争的事实。正是因为印刷效率的翻倍提高,自晚清至民国时期,我国书籍的出版总量呈现几何级数的增长,不到百年的时间里,积累的书籍和知识总量,超过了以往所有朝代的总和。这对阅读者来说,无疑是一种全新的体验。

除了数量上的激增,和出版速率的加快,民国时期出版业还有几个突出的特征。第一,是报刊杂志的大量涌现。据《全国中文期刊联合目录(1833-1949)》统计,一百余年间,我国出版的中文期刊约2万余种[4]。另外还有报纸1万3千余种[5]。与图书出版相比,报刊杂志的时效性更高。而且报刊的主要受众是普通民众,因此在娱乐性和可读性方面,较图书有更高的要求。在新文化运动期间,《新青年》《新潮》《晨报》及其副刊等许多报刊杂志,还起到了引领舆论导向,启发青年学生的作用。可以说,民国时期的报刊杂志,凭借其时效性高的优势,成为了各派势力争夺民众支持的主要阵地。而一些著名的报刊,又反过来利用其巨大的影响力,主导了社会思潮和人们的阅读风尚。此外,民国时期还涌现了大量通俗杂志,其中有的以生活、娱乐信息为号召,著名者如《申报》《良友》等;有的面向特定阅读群体,如以女性为目标客户的《妇女杂志》等。正是这些种类繁多,内容丰富的报刊杂志,培养了人们通俗阅读的习惯,也加快了阅读由精英走向大众的步伐。

第二,丛书的出版。有学者据《中国丛书综录》和《补正》,以及《中国近现代丛书目录》做出过统计,民国时期出版的丛书约有6400余种[6]。丛书数量的激增,与民国时期公共图书馆的迅速发展有密切的关系。对于阅读者来说,丛书带来的最大好处,是原本稀有难见的珍本、秘本,化身千万,能够被普通的读者所拥有和阅读。此外,一套丛书类聚了同类型的多种书籍,免去了人们寻觅资料之苦,这对读者,特别是研究人员来说,意义重大。丛书的出版,在一定程度上改变了人们研究的思维和方法。

第三,教科书的出版。中国社会的近代化进程开启以后,一个突出的特点就是教育对象从精英向大众过渡。民国时期,各种教材,特别是中小学教材的出版十分繁荣。据统计,在民国38年里,共有90余家出版机构在不同历史时期,参与到了各种类型中小学教材的出版活动中来[7]。学校教育是人们阅读习惯养成的重要平台,各种内容丰富,门类齐全的教材,起到了激发阅读兴趣,构建知识体系的重要作用。

2.2 近代学科体系的建立与阅读转型

中国古代的学术体系,是以经史子集四部分类为骨架,以儒家经典为躯干搭建起来的。早期书少价昂,知识分子能够看到的书籍有限,而随着技术条件的进步和知识总量的累积,越到后来的朝代,人们所能拥有的书籍就越多,阅读方法也发生了从精到博的转变。清代著名学者崔述就曾对这一现象进行了总结:

大抵古人多贵精,后人多尚博。世益古则其取舍益慎,世益晚则其采择益杂。……后人之学远非古人之所可及。古人所见者经而已,其次乃有传记,且犹不敢深信。后人则自诸子百家、汉唐小说、演义传奇,无所不览。自《庄》、《列》、《管》、《韩》、《吕览》、《说苑》诸书出,而经之漏者多矣;自三国、隋唐、东西汉、晋演义及传奇小说出,而史之漏者亦多矣。[8]

但是,在1840年以前,不管读书人的阅读范围如何扩展,仍然局限在传统的经史子集四部学科体系中。鸦片战争后,西方社会思潮迅速涌入中国。有学者统计,洋务运动期间,仅江南制造局翻译官出版的译书就达160种之多[9]。对于当时具有社会良知的知识分子来说,寻求一条救国的道路是迫在眉睫需要解决的问题。面对鸦片战争以来清政府的节节败退,人们自然地将批判的矛头对准了中国传统文化,转而向西方学习,期望寻求到一条自强自新之路。不管是清末的洋务运动,还是民国初年的新文化运动,主流的声音都是学习西方的先进经验。于是,仿照西方学科体系规范中国学问,建立中国的近代学科体系,成为了几代学者持之不懈的追求。而近代学科体系建立的标志之一,就是对传统四部分类法的突破,以及新的分类体系的建立。我们仍以《民国时期总书目》为例,该书按照学科分为20卷出版,每卷的类别和收书数量如下表所示:

表1:《民国时期总书目》分类收书数量表

类别	数量(种)	类别	数量(种)
哲学、心理学	3450	中小学教材	4055
宗教	4617	语言文字	3861
社会科学总类	3526	中国文学	16619
政治	14697	世界文学	4404
法律	4368	历史地理	11029
军事	5563	自然科学	3865
经济	16034	医药卫生	3863
文化科学	1585	农业科学	2455
艺术	2825	工业技术、交通运输	3480
教育、体育	10269	综合性图书	3479

从上表的学科分类和收书数量可以看到,民国时期,我国的学科体系建设基本上照搬了西方的模式。对于民国时期的读书人来说,新学科的建立,以及社会发展对于知识结构的要求,都要求人们自觉或被动地更新自己的阅读体系,拓展阅读范围。如果与中国传统社会的阅读体系进行比较,我们会发现民国时期,人们的阅读行为有两个新的特征,其一是自然科学知识所占比重上升,其二是人们对中国传统文化,尤其是对传统经典阅读的重新认识。

2.3 经典阅读的重新定义

20世纪初,针对传统经典是否还具有生命力,人们展开了激烈的争论。持激进态度者,甚至从根本上否定中国古代传统文化,要求彻底废除孔教。五四运动的倡导者之一,文字学家钱玄同就曾提出:

中国文字论其字形,则非拼音而为象形文字之末流,不便于识,不便于写;论其字义,则意义含糊,文法极不精密;论其在今日学问上之应用,则新理新事新物之名词,一无所有;论其过去之历史,则千分之九百九十九为记载孔门学说及道教妖言之记号。此种文字,断断不能适用于二十世纪之新时代。我再大胆宣言道:欲使中国不亡,欲使中国民族为二十世纪文明之民族,必以废孔学,灭道教为根本之解决,而废记载孔门学说及道教妖言之汉文,尤为根本解决之根本解决。[10]

事实上，发出这样激烈的声音，与当时知识分子希望尽快寻找到中国独立自强之路的迫切心情密切相关，是时代的产物。而当讨论更加深入，人们对传统文化的认识更加理性时，中西并重成为了学界的共识。近代史学大师陈寅恪先生的观点很具有代表性：

其真能于思想上自成系统，有所创获者，必须一方面吸收输入外来之学说，一方面不忘本来民族之地位。此二种相反而适相成之态度，乃道教之真精神，新儒家之旧途径，而二千年吾民族与他民族思想接触史之所昭示者也。[11]

可见，在与西方社会科学思想的比较中，中国的传统文化并非一无是处。中国的传统经典，历经岁月洗礼流传至今，反映的是中华民族的历史和精神。对于一个中国人来说，如果完全不了解本民族的思想传承，必然会在认识世界的能力上有所缺陷。当然，虽然说传统经典在新时期仍有强大的生命力，但是，经历了西方观念重塑的中国人，在对经典的认识上已经完全不同于前人了。

首先是经典范围的扩大。中国古代对经典有着严格的定义。唐刘知几《史通·叙事》谓之："自圣贤述作，是曰经典。[12]"也就是说，只有圣贤的著作才能被称为经典。因此，古代经典的范围很窄，基本上只有三代流传下来的作品，以及先秦时期的儒家著作和朱子的部分论著，能够得到人们的普遍认可，成为读书人必读的经典。民国以来,特别是新文化运动兴起以后,儒家成为了批判的对象,而传统文化中原本不被人重视的通俗文学作品开始大放异彩,得到了更多的关注,人们甚至要求将俗文学作品的地位提高到与传统经典平等的位置上来。新文化运动的主将胡适在《<国学季刊>发刊宣言》中明确地提出:

> 庙堂的文学固可以研究,但草野的文学也应该光里,今日民间小儿女唱的歌谣,和《诗三百篇》有同等的位置;民间流传的小说,和高文典册有同等的位置,吴敬梓、曹霑和关汉卿、马东篱和杜甫、韩愈有同等的位置。……近来颇有人注意戏曲和小说了;但他们的注意仍不能脱离古董家的习气。他们只看得起宋人的小说,而不知道在历史的眼光里,一本石印小字的《平妖传》和一部精刻的残本《五代史平话》有同样的价值,正如《道藏》里极荒谬的道教经典和《尚书周易》有同等的研究价值。[13]

无独有偶,上世纪20年代,胡适曾应邀为青年学子开列《一个最低限度的国学书目》,收录古籍名著190种,后来作者在此基础上精简成《实在的最低限度的书目》。其中没有收录"小学"方面的书,也不选前四史和《资治通鉴》,反而将《三侠五义》、《九命奇冤》等通俗小说赫然在列。梁启超对此颇不以为然,还专门撰文提出过批评[14]。上引《发刊宣言》,可以看成是胡适对自己列出的国学书目的解释。在对经典范围的具体定义上,民国时期的学者可能存在着争议,但是经典范围的扩大,以及通俗文学作品地位的上升,是不争的事实。

其次是对经典态度的转变。在传统文化中,经典具有神圣不可侵犯的地位。孔子说:"君子有三畏:畏天命,畏大人,畏圣人之言。[15]"对于经典,要保持敬畏的态度,不要说对经典提出质疑,即使是一字之改易也是不能接受的。民国以后,在学术研究中强调科学方法的应用,对于一切问题都要"大胆假设,小心求证",经典和其他史料一样,仅被认为是供研究之用的材料。顾颉刚领导的"古史辨"运动,就是这种思潮的集中反映。这个后来对中国国学研究影响巨大的流派,其思想源流,就是来自胡适的"宁可疑古而失之,不可信古而失之"[16]。可见,虽然民国时期的学人仍然阅读经典,研究传统文化,但是他们对经典所持的态度已经是全新的了。经典不再被供奉在神坛之上,人们可以通过阅读经典来加深对人生的体悟,当然也可以提出自己的看法,甚至质疑经典的正确性。

2.4 大众教育与通俗阅读

最后,我们要谈一谈民国时期大众教育和通俗阅读的问题。光绪三十一年(1905),慈禧太后在多方压力下,以光绪皇帝的名义下诏,宣布自光绪三十二年(1906)起,废除科举制度,开办新式学堂。延续了一千多年的科举取士制度,就此走向了终点,中国教育近代化的进程也因此驶上了快车道。中国近代史上的教育改革,不是两千余年来中国传统教育体系自身发展的结果,而是更多地源自于外来文化的刺激,特别是西方列强入侵带来的危机感。教育改革的整体思路,是以国民教育代替精英教育,提高全民受教育的程度,并在知识结构上,重视自然科学知识和社会科学知识的协调发展。

既然要让更多的普通人接受教育,学习文化,中国古代的书面用语——文言文的劣势就十分明显了。文言文极难掌握,能顺畅的运用文言文写作,在中国历史上一直是少数人的专利。因此,在提倡全民教育的时代,用通俗易懂的白话文取代文言文,就成了必然的选择。新文化运动的领袖陈独秀就曾以近乎绝决的态度表明了对白话文取代文言文的看法:"白话为文学正宗之说,其是非甚明,必不容反对者有讨论之余地也,必以吾辈所主张者为绝对之是,而不容他人之匡正也。"[17]虽然后来的学者对20世纪初期这场声势浩大的白话文运动臧否不一,但白话文最终还是取代了文言文,成为了人们写作和阅读的主要文体。

白话文的使用和大众教育的兴起,对阅读所产生的影响十分深远。推行白话文,进一步提高了通俗文学的地位。用白话文写作,编写教材,促进了教育的普及,和科学的发展。越来越多的白话文著作、报刊杂志出现,普通人也可十分容易地掌握新知识,阅读新作品,丰富了人们的阅读环境。但是,白话文取代文言文,也同样带来了一些负面影响。由于学校教育不再将文言文作为学习的重点,民国以后的不少学者,特别是青年人,古文阅读能力下降,无法读懂中国的传统经典,阅读行为呈现出浅层化、庸俗化的倾向。

3 结语

阅读是一种特殊的人类活动,阅读的发展受到载体形态、文本变迁,以及社会思潮等方方面面的影响。回顾中国古代阅读史可以发现,每次技术变革,或者社会急剧变动的年代,人们的阅读行为也会随之发生变化,我们将阅读史中的这种现象称为阅读转型。每次的阅读转型,都是对旧有阅读模式的一次检讨和重组,取而代之的新模式,既有对旧模式的超越,也不免会丢弃一些好的传统。正如我们在文中一直试图说明的那样,随着技术条件的进步,书籍的数量越来越多,人们可以很轻松的拥有大量阅读材料,这无疑使得阅读变成一件越来越轻松的事情,阅读者的规模在不断扩大,更多的人享受到了阅读的乐趣。但是,从另一个方面来讲,正是由于获取难度降低,而可供选择的读物又太多,人们的阅读变得愈发浅层化。古代阅读中的一些优良传统,如精读、诵读的习惯,在今天已经难觅踪迹。正是认识到这一点,我们才要进行阅读史的相关研究。对历史的回顾,归根结底是为了指导当下的实践活动。我们对历史上的阅读转型时期进行总结,就是要宏观的把握阅读史的发展脉络,并为今天的阅读推广活动总结可资借鉴的经验教训。

(2014年12月)

参考文献：

[1][7]王余光,吴永贵著.中国出版通史·民国卷[M].北京:中国书籍出版社,2008:17,389

[2]北京图书馆编.民国时期总书目·出版说明[M].北京:书目文献出版社,1984-1996

[3](清)永瑢等撰.四库全书总目·出版说明[M].北京:中华书局,1965:3

[4]全国图书联合目录编辑组编.全国中文期刊联合目录(1833-1949)(增订本)[M].北京:书目文献出版社,1981

[5]何艳艳.两大民国期刊数据库比较研究[J].山东图书馆季刊,2008(3):66

[6]贾鸿雁.民国时期丛书出版述略[J].图书馆理论与实践,2002(6):63-66

[8](清)崔述.考信录提要及其他二种·释例[M]//丛书集成初编.上海:商务印书馆,1937.6:20-21

[9]熊月之.西学东渐与晚清社会[M].上海:上海人民出版社,1994:500

[10]钱玄同.中国今后之文字问题[N].新青年(4卷4号),[1918-4-15]

[11]陈寅恪.冯友兰中国哲学史下册审查报告[M]//金明馆丛稿二编.北京:生活·读书·新知三联书店,2001:284-285

[12]郭绍虞主编.中国历代文论选·上册[M].北京:中华书局,1962:366

[13]胡适.发刊宣言[J].国立北京大学国学季刊.1923(1)

[14]梁启超.国学指导二种·治国学杂话[M].上海:中华书局,1936年版

[15]杨伯峻,杨逢彬注译.论语译注[M].长沙:岳麓书社,2009:205

[16]胡适.自述古史观书[M]//胡适文集3·文论.北京:人民文学出版社,1998:355

[17]陈独秀.答胡适书[N].新青年(3卷3号),[1917-5-1]

设立国家读书节：建书香社会 育智慧国民

王余光

编者按：中共中央政治局常委、国务院总理温家宝日前在中国政府网访谈室同海内外网友在线交流时说："我非常希望提倡全民读书。我愿意看到人们在坐地铁的时候能够手里拿上一本书。"他赞成网友设立全国读书节的建议，希望借此倡导全民读书。设立全国读书节有什么重大意义？如何推进全民阅读？就这些问题，《中国文化报》特约北京大学教授、中国科普与阅读指导委员会第一任主任王余光谈谈他的看法。

民族精神境界，取决于阅读水平

近几年，朱永新等多位学者呼吁设立国家读书节，并得到了不少读书人的赞同。朱永新在全国政协会议上的发言《让阅读成为中国人的日常习惯》中对设立国家阅读节之意义概括为四点：

一个人的精神发育史就是阅读史。

一个民族的精神境界取决于阅读的水平。

一个没有阅读的学校永远都不可能有真正的教育。

一个书香充盈的城市必然是美丽的城市。

我非常赞成他的提议与观点。为什么要有一个中国人自己的阅读节或读书节？我谈谈自己的看法，以期抛砖引玉，大家一同关注。

首先，中国是世界上图书文化最发达的国家，且极具民族特色。中国图书从载体、用墨、印装到文字，均系自身发明，形成了非常有民族特色的图书文化，并对世界的图书文化产生了重大影响。设立自己的读书节，可更好地展示民族特色。

其次是重视经典的阅读。中华民族是一个重古训、尊先法的民族，对前人圣贤的道理看得特别重。在这样一个背景下，结晶着前辈思想的图书，就不仅具有一种狭义的学术意义，同时在政治、思想、文化等方面都发生着不可估量的作用。因而，经典的出版、阅读与传播特别受到重视，经书与正史为历代所刊刻。设立自己的读书节，可更好地弘扬民族文化。

再者是对文本的尊重。不仅经典，书也是读书人生活中不可缺少的组成部分。无法想象，对于读书人来说，没有书的生活是一种怎样的生活，虽然，我们曾有过这样的年代。某些读书人的如痴如疯，正是中国阅读史中最具特色和感人的篇章。设立自己的读书节，可更好地彰显民族个性。

最后是中国阅读传统强调读书为学的首要意义是修身弘道，

以追求崇高的道德境界;强调读书须求广博,为学须求通达;强调读书为学须"思"、"习"、"行"相结合,正如《中庸》中所概括的"博学之,审问之,慎思之,明辨之,笃行之";强调勤学苦读,在中国阅读史上,勤学苦读的感人事例层出不穷,如"悬梁刺股"、"凿壁偷光"、"囊萤映雪"、"韦编三绝"等等,这些故事数千年来曾激励过读书人发愤读书,积极进取,其影响至今犹存。但同时,"学而优则仕"、"书中自有黄金屋"等,也是中国阅读传统和价值观中的重要组成部分。设立自己的读书节,可更好地继承优良的阅读传统,形成健康的读书氛围。

图书馆:推动全民阅读的根据地

中国的公共图书馆已经走过了100多年的历史,近些年来,图书馆不仅为人们提供连续阅读的保障,还主动地采取一些措施来推动社会阅读。图书馆以其专业性、权威性和独有的丰富资源成为读书活动的一个主要阵地,也是倡导全民阅读、终身阅读等阅读基本理念的中坚,是联系群体阅读和个体阅读的桥梁。2005年,中国图书馆学会增设了一个专业委员会——"科普与阅读指导委员会",以期来推动全国性的阅读活动。

近年来,全国许多图书馆各种阅读活动开展得有声有色,特别是在经济较发达的地区,图书馆在全民阅读方面发挥了重要的作用。像苏州图书馆、东莞图书馆、深圳图书馆在这方面为全国其他城市做出了榜样。

苏州图书馆有着"读书人的天堂"之美誉,每年9月28日,以该馆为核心,开展多种多样的读书活动。同时,苏州市还在全市100多所学校开展了书香校园阅读活动。苏州的经验在国内很有影响,可以称之为推进全民阅读的"苏州模式"。苏州地区文化底蕴深厚,有非常悠久的读书传统,自南宋以来,这里就是中国藏书家与中国读书人最集中的地方之一。苏州图书馆正是在此基础上,逐步推进读书活动,这些活动不仅得到政府的支持,也得到了民众的响应。

与苏州不同,东莞是一个新兴的工业城市,经济发达但文化积淀不厚。东莞图书馆结合自身的特点,建设图书馆之城。东莞图书馆以每年9月28日为标志,开展"东莞读书月",推出了一系列与读书有关的活动,如:举办东莞学习论坛、读书系列讲座、图书展、读书知识竞赛、"我的读书故事"征文比赛、"我喜爱的书房"设计大赛、"藏书与阅读"优秀图书推荐、推荐书目、"学习之家"评选、外来员工"读书学习,争做新东莞人"演讲比赛等活动并开通市民学习网。这些活动丰富了人们的文化生活,产生了良好的社会效果。在此基础上,市政府召开专门工作会议,着力打造建设"图书馆之城"。正因为东莞图书馆在推动全民阅读方面做出很多成绩,中国图书馆学会决定,将科普与阅读指导委员会成立会放在东莞图书馆召开。

　　苏州与东莞都是中国经济发达地区,图书馆办得有声有色。但中国还有不少地区,图书馆建设还不够快,因而倡导家庭读书就更为重要。中国有"耕读传家"的传统,因此,要争取让书籍走入每个家庭。把购书经费列入家庭开支,建立家庭必备的基本藏书。家庭藏书的主要目的有两个方面:一方面,能让家庭成员有一些必备的读物。有些人家里根本无书可看,在目前图书馆还不能让每一个角落的每一个人都有书看,家庭藏书在目前能够作为图书馆的一个重要补充。另一方面,家庭藏书可以给家庭成员营造一个阅读的环境和氛围。在此基础上,才能开展国际上流行的培养有修养的母亲、提倡亲子阅读等活动。如果让一个孩子从小就养成读书习惯的话,他一生都会受用无穷。

（2009年3月）

重建家庭藏书

王余光

史学家顾颉刚先生在《古史辨·序》中,谈到他早年读书、买书的经历。他说:我从小就喜欢乱翻书,看祖父的文字学书,看父亲的文学书,看叔叔的历史书,因此渐渐地受到了各方面的启发。然而每一门类的知识都是无穷的,我又渐渐地感到家庭中这些书不能满足我的知识欲,有时就自己出去买书。不管是哪方面的,只要我有力量的都买下来。当时的苏州还保留着一个文化中心的残状,观前街一带新旧书肆约20余家,旧书的价钱很便宜。每天一下课,我就立刻向书肆里跑,不是翻阅他们架上的书,便是向掌柜们讨教版本的知识。……天天游逛书肆,就恨不能把什么学问都装进我的肚子。我的痴心妄想,以为要尽通各种学问,只须把各种书籍都买来,放在架上,随心阅览,久而久之自然会明白通晓。总以为宁可不精,不可不博。

从顾先生这段自述中可以看到,家庭与社会环境对孩子的阅读是有重要影响的。正如教育家陈鹤琴先生在《为幼儿创设良好的环境》一文中指出:"要孩子学会阅读,我们的家庭、我们的社会,必定要先有阅读的环境"。

如果说中国家庭阅读有一种传统的话,那就是耕读传家与诗书继世。"耕"是这个以农业文明为主体社会的物质需要。而"读"则是伦理道德确立和传递的最有效的方式。自汉以下的古代中国,"耕读传家"的理念,逐步成为中国家庭价值观的核心。今天,我们在一些老宅子里,还能常常看到"耕读传家"、"诗书继世"的对联,以窥见当年这些书香门第与读书世家的辉煌。

"耕读传家"的传统随着传统家庭的解体,逐步在现代社会消失。随着现代各种媒体,如电视、网络、手机等的不断普及,其进一步分流了人们的注意力,分割人们有限的闲暇时间。就我的感知,有藏书的家庭越来越少,人们的读书时间也越来越少了。因此,推广读书、鼓励读书,希望重建家庭藏书,让书籍走入每个家庭,为儿童营造一个读书的环境,让"耕读传家"的传统在新时代能赋予更丰富的内涵,并得以延续,应该是一件很有意义的事。

如果说家庭藏书是重要的,那么家庭应藏哪些书籍、藏书的数量以多少为宜？这些问题似乎没有人关注。对于一个读书人来说,上述问题也许就不是什么问题,但对于一个从事非文化教育工作的家庭主人而言,这些问题或许就是问题。我曾在一些图书馆,做关于经典阅读的讲座,一些听众常常提出上述问题。

作为一个普通家庭,要藏哪些书籍,我个人的意见是:

首先是中外经典著作。读这些书的重要性,先贤多有论述。

梁启超说：一是，作为中国学人，就有必要读一些中国传统经典。二是不仅需要阅读必要的经典，对那些"最有价值的文学作品"和"有益身心的格言"，还需要熟读成诵。(《治国学杂话》)章太炎说："中学诸生，年在成童以上，记诵之力方强，博学笃志，将从此始。若导以佻奇，则终身无就。"(《中学国文书目》)朱自清在《经典常谈》序中说："在中等以上的教育里，经典训练应该是一个必要的项目。经典训练的价值不在实用，而在文化。"

其次是儿童读物。除上述经典外，一些绘本、较浅显的诗歌、小说、童话作品，适合儿童阅读。家长可参考一些推荐类读物，如《小小读书郎》(严红等著，武汉大学出版社2007年版)、《成长图书馆》(李东来等编，中国人民大学出版社2012年版)系列等，为孩子构建一个书架。

第三是一些适用类书，如教育类、生活类、地图工具书等。

即将出版的《百种中国家庭藏书书目》，可为家庭藏书的构建提供参考。

关于藏书的数量，即一个普通家庭应有多少藏书为适宜？这个问题少有研究，或无必要定出一个标准。清修《四库全书》时，于乾隆三十九年七月之《圣谕》中说："其一人而收藏百种以上者，可称为藏书之家。"(《四库全书总目·卷首》)这里的"藏书之家"，或许是指藏书家而非普通家庭的藏书量。在出版业发达的今天，我以为普通家庭的藏书量在五百种(或册)左右为宜。

今天在具备了一定的经济基础的情况下,我们有能力重建家庭藏书。我主张应将购书经费列入家庭开支,建立家庭必备的基本藏书。家中应有书桌、书架,条件稍好的家庭,可有一个书房,成为家庭成员读书交流的场所。家庭藏书的主要目的有两个方面。一方面,能让家庭成员有一些必备的读物,有些人家里根本无书可看。在目前图书馆还不是十分普及的前提下,我们提倡家庭阅读,就不仅是继承传统,还具有实际的意义,家庭藏书能够作为图书馆的一个重要补充。另一方面,正如前面所讲的,家庭藏书可以给家庭成员营造一个阅读的环境和氛围。在此基础上,方可开展国际上比较流行的培养有修养的母亲、提倡亲子阅读等活动。美国图书馆学家和教育家皮尔斯·巴特勒(Pierce Butler)曾说:"人们的阅读习惯很重要,如果一个人已经养成了阅读的习惯,他就比那些没有阅读习惯的人更容易去阅读。"(An Introduction to Library Science)如果让一个孩子从小就养成读书习惯的话,他一生都将受用无穷。

在一些西方国家,他们仍然保持着很好的阅读传统,比如,基督教强调读书,早期教徒读书主要是指读《圣经》,阅读是教徒跟上帝沟通的一种手段,在此基础上形成了很好的阅读传统。他们的阅读大部分是出于宗教的规定。中国人读书与宗教信仰关系不大,但强调读书为学的首要意义是修身宏道,以追求崇高的道德境界。因此,无论是宗教的规定,还是伦理的需求,读书对中西文化而言，都是重要的。对家庭而言，家庭成员主要活动是工作、孩子的学业，此外还有家务、社交、旅游等。家庭读书可与上述活动相结合，以期让这些活动变得非富多彩，让阅读持续不断。

过去，"看书"与"读书"是有区别的，"看"是默读，"读"是朗读。我以为，在家庭，一人以"看"为主，多人以"读"为主。此外，不同的书则应区分是"看"还是"读"。关于这个问题，曾国藩在给儿子纪泽的信中，曾加以讨论，他认为：《史记》、《汉书》、《近思录》等书，适合看。而《四书》、《诗》、《书》、《易》、《左传》诸经，《昭明文选》、李、杜、韩、苏之诗，韩、欧、曾、王之文，非高声朗诵则不能得其雄伟之概。他打比方说："看书则在外贸易，获利三倍者也；读书则在家慎守，不轻花费者也。譬之兵家战争，看书则攻城略地，开拓土宇者也；读书则深沟坚垒，得地能守者也。……二者不可偏废。"（曾国藩《谕纪泽》，咸丰八年七月二十一日）这些看法，我以为在今天仍有参考价值。

让朗朗书声在家中回荡，让读书成为我们生活中的一部分。

（2013年1月）

古代家庭教育中的阅读传统及其启示

熊 静

中国自古就是一个重视家庭教育的国家,先秦经典《大学》开篇即云"古之欲明明德于天下者,先治其国。欲治其国者,先齐其家",将家庭作为国家治理的基础。家庭教育要从孩子抓起则是人们从自然规律出发达成的共识。《周易·序卦》云:"物生必蒙,故受之以《蒙》。蒙者,蒙也,物之稚也。物稚不可不养也。[1]"就是说事物初生时都要经历一个稚嫩、混沌的时期,此时事物都是懵懂脆弱的,所以不能不加以特别呵护。同理观之,人类的孩童时期也处于智慧未开的蒙昧阶段,此时进行的教育将影响孩子的一生。这是中国古代重视家庭教育的思想渊源。至明清时期,这种思想被引申为"家之兴由子弟之贤,子弟之贤由乎蒙养。蒙养以正,岂曰保家,亦以作圣。[2]"将家庭教育与个人成就、家族发展紧密地联系在一起。正是因为古人对家庭教育的重视,作为培养个人修养的重要手段,教育晚辈读书学习是古人家教的重中之重,家训中教子读书的格言、名篇层出不穷,对于今天的阅读推广活动仍然具有借鉴意义。在"倡导全民阅读,建设书香社会"的过程中,继承文化遗产,重拾中华民族优良的阅读传统是基础,对古代家庭教育中的阅读传统和方法进行总结,将会对今天的家庭阅读、儿童阅读产生积极的作用。

1 中国古代家庭教育概述

1.1 中国古代重视家教的原因

家庭教育,是指"家庭成员之间的互相教育,通常多指父母或其他年长者对儿女辈进行的教育。[3]"中国历来以重视家庭教育著称,家教史源远流长,以家训、家规、治家格言、教子诗词为代表的各类家庭教育文献数量浩如烟海。之所以如此重视家教,与我国古人的家族观念,以及对个人、家庭、国家三者之间关系的认识有着密切的关系。

与外国人将家庭作为父母与子女构成的团体不同,中国人所谓的家庭,"是包含两代以上血缘关系构成的团体。[4]"也就是说,中国古人所谓的家庭,实际上是包括了家庭和家族的双重概念。家族观念是中国古代文化最重要的柱石,"中国文化,全部都从家族观念上筑起,先有家族观念乃有人道观念,先有人道观念乃有其他的一切。[5]"在古代,维系家族长期存续的力量来自两个方面,血缘关系和以孝悌为核心的伦理观念,前者是家族形成的自然基础,后者则需要通过以家庭教育的方式不断强化,使之潜移默化至家族成员内心,最终成为规范其行为的准则。

除了家族观,"家国一体"、"家为国本"的观念同样深入中国人灵魂。古人如何看待个人、家庭、国家之间的关系,前引《大学》开篇已经有很好的说明。由此而引申出的"修身治国齐家平天下"的信条,千百年来一直是儒家思想支配下中国人理想的人生路径。早在先秦诸子的时代,孟子就明确提出"人有恒言,皆曰'天下国家',天下之本在国,国之本在家。"[6]《大学》进一步申明"家齐而后国治",反之"其家不可教,而能教人者无之"[7]。概言之,古人认为,一个人各方面的能力首先是在家庭中培养起来的,只有接受过良好的家庭教育,才具备基本的社会交往的能力,进而达到治理国家的最高追求。反之,治家是治国的缩影,一个人如果没有良好的家教,连家庭关系都处理不好,不可能指望他能够为国家、社会做出贡献。在这种"家国一体"思想的影响下,个人、家庭、社会是一个有机的整体,家庭教育被视为人的基本教育[8],良好的家教成为了人们的立身之本。

1.2 古代家庭教育的内容及主要特征

由于中国人很早就认识到了家教的重要性,自先秦诸子以来,各个时期都有学者对家庭教育的思想和方法进行完善,形成了一个内容非常庞杂的理论体系。今天我们了解古代的家庭教育,主要是通过留存至今的各类家训文献。

这些文献,从体裁上来说,可分为专著,如北齐颜之推《颜氏家训》、宋司马光《温公家范》、宋袁采《袁氏世范》等。单篇散文,如三国诸葛亮《诫子书》、魏晋南北朝时期流行的家书家信、唐柳批《戒子弟书》、宋欧阳修《诲学说》等。诗歌,如晋陶渊明《责子》、唐韩愈《符读书城南》、杜牧《冬至日寄小侄阿宜诗》等。按适用对象分,包括帝王家训、一般家训和女训。从约束对象的强制性上来说,又可分为家规、家仪、家教等。[9]从数量上来说,古代家训产生自先秦诸子时期,至隋唐五代成熟,宋元明清而巅峰,今天存留下来的家训文献绝大多数都是明清时期的。

有学者在对历代家训文献进行考察后,将古代家教的内容分为了两大类,一是处理家庭关系,二是家庭成员成长过程中的教育培养问题[10]。在总体特征上体现为:家国一体;德教为先;注重人格的培养;劝学勉学;注重早期教育[11]。这与古人希望通过家庭教育达到的目的是一致的。古人视家教为人生基础,最基本的要求,是提高个人修养,培养德行,锻炼才能。再进一步,则要能够妥善处理家族内部的各种关系,学会处世之道。最终目标是由家而国,将之前在家庭教育中培养的种种才能,发挥到显身扬名、治理国家的事业中去。完成上述目标,当然有许多途径,但是在传播手段并不发达的古代,阅读是其中最为有效的方式之一。因此,也就不难理解阅读在中国古代家庭教育中所占据的重要地位了。

1.3 古代家庭教育中的阅读

古人对阅读的重视,从家训中大量存留的阅读经验和阅读方法可见一斑。被誉为家训之祖的《颜氏家训》专设"勉学"篇,讨论教子读书的种种问题。后世的家训文献,不论以何种形式呈现,讨论如何读书的内容都在其中占据了相当的篇幅。阅读因何受到如此重视?归结起来不外以下几点原因。

首先,是对阅读行为本身的尊重。在通讯和交通均不发达的古代,阅读几乎是人们知人阅世的唯一途径。因此,孔子才会说"不学《诗》,无以言","不学《礼》,无以立"[12]。书籍记载了先贤的人生感悟和思想财富,通过阅读,文化传统在一代代读书人之间传递,内化为他们的内心修养。除了修身养性之外,阅读也是古代读书人获得处理实际事务经验的主要方式。古人"修身"之后的更高追求是齐家和治国,而在他们真正进入社会之前,此类经验大多是通过家庭和学校教育中的阅读完成的。

其次,对"书香继世"家风的向往。"忠厚传家久,书香继世长",朴素的民谚折射出古代中国人对书香世家的倾羡。钱穆先生在论述南北朝世家大族特征时说:"当时门第传统的共同理想,所希望于门第中人,上自贤父兄,下至佳子弟,不外两大要目:一则希望其能具孝友之内行,一则希望其能有经籍文史学业之修养。前一项之表现,则成为家风。后一项之表现,则成为家学。[13]"其实,不止是魏晋时代,中国历史上任何一个时期,人们对书香传家的期待都是一致的。因此,从家庭教育开始鼓励阅读,营造读书之风就是必须且普遍的了。

第三,科举制度的刺激。如果说科举考试制度实行以前,读书在士子通向仕宦之路上的作用还不那么直接,那么,隋唐之后,读书成为了大多数士子唯一的进身之阶。科举考试一方面给了出身贫寒的读书人跻身仕途的机会,提供了一条实现"平天下"抱负的捷径。另一方面,也让读书从此充满了功利主义的味道,阅读本身的价值被科举考试的工具性所消解。从家庭教育的角度,科举考试不仅跟个人命运相关,更是家族改变门第,跻身上流的机会。于是,科举考试"显亲扬名"的功用,成为家长鼓励阅读最为直接的动力,诸如"万般皆下品,惟有读书高"之类的劝学诗在唐宋以后大量出现,颇能说明问题。

上述三方面的因素,共同决定了古代家庭教育中阅读的地位。家训文献中记载的阅读思想和阅读方法,也大多是围绕这三个方面展开的。前两个因素,一直被目为我国古代家教和阅读的优良传统。而阅读的功利主义则广受诟病,即使在古代,已经有大量学者撰文对此提出批评。

应该如何看待阅读的功利主义?首先必须明确的是,这种"读书为求利禄"风气是当时的社会环境所造成的。在儒家"治国平天下"的最高理想面前,在通过科举考试改换门庭、光耀门楣的现实利益刺激下,把读书当作通往功名利禄的终南捷径,是一代又一代读书人的必然选择。事实上,时至今日,中国人读书仍然不能摆脱各种各样的现实目的,如果我们能够对此表示理解的话,那么对古时阅读功利的指责,无异于苛责古人。当然,这并不是说我们认可功利的读书观。让阅读的价值回归,让人们感受到阅读本身的快乐,一直是我们倡导和追求的时代阅读观。但是也应当看到,阅读行为本身就是复杂的,人们的阅读目的是多种多样的,任何时代都不可能完全摒除出于功利目的的阅读。古人为了科举夺魁,确实形成了大量刻板、陈腐的阅读经验,但在巨大现实利益的刺激下,也必然激发他们对阅读方法和理论的钻研热情。此外,科举高中固然是古人寒窗苦读的直接目的,但我们也不能否认在这背后蕴含的家国情怀。通过科举进入仕途,是古代读书人实现政治抱负的主要途径。对于那些胸怀天下的士子来说,激励他们刻苦攻读的不仅仅有金榜题名的荣耀,更重要的是以天下为己任的使命感。这种立志读书,勇于承担的责任感,在今天的社会背景下尤其具有现实意义。

以上我们分析了古代家庭教育特别重视阅读活动的原因,以及今天我们应当如何客观看待古代家教中的阅读传统。那么,古人教子读书的具体方法有哪些? 是我们接下来要解决的问题。

2 古代家庭教育中的读书方法

2.1 幼教为先

读书要从小抓起,是古人家训中的共识。颜之推说"人生小幼,精神专利,长成已后,思虑散逸,固须早教,勿失机也。"并举自己的亲身经历说明"吾七岁时,诵《灵光殿赋》,至于今日,十年一理,犹不遗忘;二十之外,所诵经书,一月废置,便至荒芜矣。[14]"

唐代敦煌文献中发现的民间家训《太公家教》也阐释了类似的道理："小儿学者,如日出之光;长而学者,如日中之光;老而学者,如日暮之光。[15]"

青少年时期,记忆力好,心中的杂念少,是读书黄金阶段,这是自然规律,是古人强调早教的直接原因。早教的现实意义,《颜氏家训》也有论及:"当及婴稚,识人颜色,知人喜怒,便加教诲,使为则为,使止则止。比及数岁,可省笞罚。[16]"幼儿时期,孩子还未定性,是一张白纸,对他的教育容易产生影响。教育得当,孩子形成了好的行为规范,长大后就不需反复鞭笞,父母子女之间也就不会发生矛盾。这对现代人处理父子关系也是有积极意义的。

读书要从小开始,具体怎么读？读书的次序也是有讲究的。张英《聪训斋语》提出:

凡读书,二十岁以前所读之书,与二十岁以后所读之书迥异。幼年智识未开,天真纯固,所读者虽久不温习,偶尔提起,尚可数行成诵。若壮年所读,经月则忘,必不能持久。故六经、秦汉之文,词语古奥,必须幼年读。长壮后,虽倍蓰其功,终属影响。自八岁至二十岁,中间岁月无多,安可荒弃或读不急之书？……何如诵得《左》《国》一两篇及东西汉典贵华腴之文数篇,为终身受用之宝乎？[17]

就是说,趁年纪小,记性好的时候,要读那些被时间证明过的经典著作,甚至要熟读成诵。

2.2 善思好问

学习与思考的关系,早在先秦时期就引起了人们的关注。孔子说"学而不思则罔,思而不学则殆(《论语·为政》)"。《尚书》说"好问则裕(《仲虺之诰》)"。《礼记》说"独学而无友,则孤陋而寡闻(《学记》)"。都是强调思考和质疑对学习的重要性。

《颜氏家训》在引用古人对这个问题的论述后总结到,读书的时候"须切磋相起明也。见有闭门读书,师心自是,稠人广坐,谬误差失多矣。[18]"闭门造车,自以为是,只会惹人耻笑。如何在学习中做到善思好问,明代何伦在《何氏家规》中提出了具体的方法:

学问之功,全在讲贯。而讲书之要,必须讲后自己细看,着意研穷,潜思默究,逐句绎,逐章理会,方才得其旨趣。略有疑惑,即为质问,不可草草揭过。俟一本通贯后,仍听先生摘其难者而挑问之,或不能答,即又思之,思之不通,然后复讲。真境一开,如得时雨之化,后来作文,随意运用,信手发挥,自然成章,再无窒碍。若泛泛而讲,泛泛而听,原不留心佩记,徒费唇舌,不入肺腑。今日讲过,明日忘之。此章未达,又讲别章。今年未明,复待来岁。虽讲至百年,诚何益也? [19]

可见,读书学习想要有所收获,仅靠泛泛地听,泛泛地看是做不到的,需要人们在阅读之余,认真思考书中的内容,疑惑之处敢于提问,将书中内容完全弄明白,进而产生自己的想法,这样所读之书才能转化为自己的知识。

2.3 手抄口诵

抄写和背诵是中国古代非常重要的两种读书方法。俗语云"眼过千遍不如手过一遍",通过抄写和背诵的方式,熟记经典篇目,是古人读书作文的基础。古人教子读书时,对两者之间的关系解说得十分清楚。

李鸿章在给儿子的信中说:"读文之法,可择爱熟诵之。每季必以能背诵者若干篇为目的,则字句之如何联合,篇段之如何布置,行思坐思,便可取象于收视反听之间。精神之研习既深,行文自极熟而流利,故高声朗诵,与俯察沉吟种种功夫,万不可少也。[20]"背诵的文章可结合孩子的兴趣选择,背诵之余,要深刻体悟其中的含义。至于诵读方法,清人崔学古《幼训》说:"念书毋增,毋减,毋复,毋高,毋低,毋疾,毋迟。最可恨者,兴至则如骂詈,如蛙鸣;兴衰如蚕吟,如蝇鸣;凡此须痛惩之。[21]"

抄写是辅助记忆的有效手段,清人李光地在《摘韩子读书诀课子弟》中说:"凡书,目过口过,总不如手过,盖动手则心必随之,虽览诵二十遍,不如钞撮一次之功多也。[22]"手抄的记忆效果要优于眼看和口诵,这是古人根据长期读书经验总结的客观规律。当然,抄书也不能漫无目的,如何更合理地摘抄,曾国藩曾举名人事例做过概括:

欲求词藻富丽,不可不分类钞撮体面话头,近世文人,如袁简斋、赵殴北、吴榖人,皆有手钞词藻小本,此众人所共知者。阮文达公为学政时,搜出生童夹带,必加细阅。如系亲自所抄,略有条理者,即予进学;如系请人所抄,概录陈文者,照例罪斥。阮公一代闳儒,则知文人不可无手钞夹带小本矣。昌黎之记事提要,纂言钩元,亦系分类手钞小册也。[23]

可见,摘抄的关键在于条理,如何才能做到有条理,合理的分类是最重要的。此外,由抄录引申开来,古人也强调读书笔记的重要性。朱熹在《与长子受之》的家信中,指导其读书方法:"早晚受业请益,随众例不得怠慢。日间思索,有疑用册子随手札记,候见质问,不得放过。所闻诲语,归安下处,思省切要之言,逐日札记,归日要看。见好文字,录取归来。[24]"对于看书遇到的疑问、好文章,要养成随手记下的习惯,日积月累,当有所成。

2.4 循序渐进

读书是一种伴随着人们成长的生活方式。典籍浩繁,即使从识字起就开始阅读,也不可能穷尽,更无法一蹴而就,所以阅读需要按照一定的规律逐步展开。古人在教育子孙时,十分重视对这些规律的总结,提出了三点值得借鉴的原则。

第一是要择别好书。清人唐彪在《读书作文谱》中分析:"有当读之书,有当熟读之书,有当看之书,有当再三细看之书,有必当备以资查考之书。书既有正有闲,而正经之中,有精粗高下,有急需不急需之异,故有五等分别也。学者苟不分别当读者何书,当熟读者何书,当看何书,当熟看者何书,则工夫缓急先后俱误矣。至于当备考究之书,苟不备之,则无以查考,学问知识,何从而长哉?[25]"这其实讲的就是书目选择的问题,虽然我们提倡开卷有益,但是对于刚刚进入阅读世界的少年儿童来说,选择一个好的切入点是非常重要的。在这方面,少儿还缺乏相应的判断力,需要家长在指导阅读时特别注意并提供适当的帮助。

第二是要规定日程。清人汪帷宪在《寒灯絮语》中针对刚刚开始学习的幼童说"以中下之资自居,每日限读书若干,一岁之中,除去庆唁祭扫交接游宴之事,大率以二百七十日为断。此二百七十日,须严立课程,守其道而无变。[26]"今天,我们的孩子在家庭教育之外,还要接受正规的学校教育,学校老师会为孩子们制定相应的课程规划。而且汪氏提出的阅读日程是为了应付科举考试之需。但人在幼年时期,尚缺乏自我约束能力,制定合理的目标,有助于激发孩子阅读的积极性,从这个意义上说规定日程的阅读方法是值得我们借鉴的。

第三是要定立分段目标。上面第二点讲的每日日程,可以看作短期目标,在学习过程中,还应帮助孩子树立长期目标。清陆世仪在《思辨录》中提出:"古之学圣贤易,今之学圣贤难。只如读书一节,书籍之多,千倍于古。学者苟欲学为圣贤,非博学不可。然苟欲博学,则此汗牛充栋者,将何如耶?偶思得一读书法,将所读之书,分为三节:自五岁至十五为一节,十年诵读;自十五岁至二十五为一节,十年讲贯;自二十五至三十五为一节,十年涉猎。使学有渐次,书分缓急,庶学者可由此而程工。[27]"

2.5 以身作则

以身作则是我国古代家庭教育中一个十分感人的篇章。在许多学者的论述中,中国古代的家庭关系是严肃而刻板的,但我们在阅读古人家训时,却很少产生这样的感受。一篇篇家训名作,承载了长辈对晚辈的拳拳之心。古人家训,甚少板起面孔,用严厉的语气规定子孙后辈应当如何如何。与此相反,在讲述了一番道理后,家训作者往往采用列举先贤事例,或者分享自身成长经历的方式娓娓道来,于不知不觉中让子弟心悦诚服地接受前面的"大道理"。在谈论读书的话题时也是如此。

唐代诗人元稹在《诲侄等书》中,教育侄子要刻苦读书,举的就是自己读书的经历:"吾幼乏岐嶷,十岁知方,严毅之训不闻,师友之资尽废。忆得初读书时,感慈旨一言之叹,遂志于学。是时尚在凤翔,每借书于齐仓曹家,徒步执卷,就陆姊夫师授,栖栖勤勤,其始也若此。至年十五,得明经及第,因捧先人旧书,于西窗下钻仰沉吟,仅于不窥园井矣。如是者十年,然后粗沾一命,粗成一名。[28]"

颜之推在《颜氏家训》开篇说:"吾家风教,素为整密。昔在龆龀,便蒙诱诲;每从两兄,晓夕温清,规行矩步,安辞定色,锵锵翼翼,若朝严君焉。赐以优言,问所好尚,励短引长,莫不恳笃。年始九岁,便丁荼蓼,家涂离散,百口索然。慈兄鞠养,苦辛备至;有仁无威,导示不切。虽读《礼》《传》,微爱属文,颇为凡人之所陶染,肆欲轻言,不修边幅。年十八九,少知砥砺,习若自然,卒难洗荡。二十已后,大过稀焉;每常心共口敌,性与情竞,夜觉晓非,今悔昨失,自怜无教,以至于斯。追思平昔之指,铭肌镂骨,非徒古书之诫,经目过耳也。[29]"拿自己来举反例,因为小时候没有受到严格的教育,养成了一些不好的习惯,以至终身追悔,从而告诫晚辈从小培养良好的行为规范和学习习惯是多么的重要。

父母是孩子最好的老师,以身作则应该是父母所应遵守的第一行为规范。要求孩子读书,自己却手机、电脑不离手,显然是没有说服力的。"夫风化者,自上而行于下者也,自先而施于后者也。是以父不慈则子不孝,兄不友则弟不恭,夫不义则妇不顺矣。[30]"希望引起今人的戒惕。

2.6 读书章法

最后再介绍几种古人具体的读书方法,以飨读者。

第一是读书要目到口到心到。这是左宗棠在给其子孝威的家书中提出的,"读书要目到口到心到。尔读书不看清字画偏旁,不辨明句读,不记清首尾,是目不到也;喉舌唇牙齿五音,并不清晰伶俐,朦胧含糊,听不明白,或多几字,或少几字,只图混过,就是口不到也;经传精义奥旨,初学固不能通,至于大略粗解,原易明白。稍肯细心体会,一字求一字下落,一句求一句道理,一事求一事原委。虚字审其神气,实字测其义理,自然渐有所悟。一时思索不得,即请先生解说;一时尚未融释,即将上下文或别章、别部义理相近者反复推寻,务期了然于心,了然于口,始可放手。总要将此心运在字里行间,时复思绎,乃为心到。[31]"

第二是读书要从头至尾,有始有终。曾国藩在给其弟的家书中指导其读书,"无论何书,总须从首至尾,通看一遍,不然,乱翻几页,摘抄几篇,而此书之大局精处,茫然不知也。[32]"

第三是看、读、写、作综合培养。这也是曾国藩提出的读书之法,"读书之法,看读写作四者,每日不可缺一。看者,如尔去年看《史记》《汉书》《韩文》《近思录》,今年看《周易折中》之类是也。读者,如《四书》《诗》《书》《易经》《左传》诸经,昭明《文选》,李杜韩苏之诗,韩欧曾王之文,非高声朗诵,则不能得其雄伟之概;非密咏恬吟,则不能探其深远之韵。譬之富家居积,看书则在外贸易,获利三倍者也;读书则在家慎守,不轻花费者也。譬之兵家战争,看书则攻城争地,开拓土宇者也;读书则深沟坚垒,得地能守者也。……至于写字,真行篆隶,尔颇好之,切不可间断一日,既要求好,也要求快。"[33]"作"是指写作八股文,与今天的社会发展已不适合,文繁不录。概言之,"看、读、写、作"之法,就是要求有些书要精读背诵,这是搭建知识体系的基础;有些书要博览广读,增长见闻。练字可以培养心性,写作可以灵活应用学到的知识,四字法在今天也是有现实价值的。

3 结语

以上我们总结了古人家庭教育中的读书之法。父母爱子,自古皆然。中华民族是一个重视家庭教育的国家,留给孩子富贵功名,不如培养一个好的阅读习惯。古人很早就意识到了这一点,所以在家教、家训中以大量篇幅讨论读书学习的问题。今天,我们研究阅读史上的相关问题,是为了给当前的阅读推广工作提供理论和实践方面的指导。世易时移,古代家教中的阅读思想和方法,并不完全适应今天的社会现状,但古人教子读书时以身作则的态度,读书明理,以天下为己任的高贵情怀,仍然值得我们继承和发扬。通过研究古代家庭教育中的阅读思想,探寻其中具有现代价值的部分,使其为今天的书香社会建设服务,这也是我们面对传统应有的态度。

(2017年3月)

参考文献:

[1]韩立平译注.周易译注[M].上海:上海三联书店,2014:291

[2]赵振.中国历代家训文献叙录[M].济南:齐鲁书社,2014:171

[3]顾明远主编.教育大辞典[M].上海:上海教育出版社,1990:11

[4][9]朱明勋.中国家训史稿[D].四川大学博士论文,2004:1,

7-9

[5]钱穆.中国文化史导论[M].北京:商务印书馆,1994:51

[6]孟子·离娄上[M]//十三经注疏.北京:中华书局,1957:2718

[7]大学[M]//十三经注疏.北京:中华书局,1957:2514

[8]马镛.中国家庭教育史·前言[M].长沙:湖南教育出版社,1997

[10]刘颖、邵龙宝.中国传统家教运行机制探析[J].广西社会科学,2010(05):147-150

[11]佘双好.我国古代家庭教育优良传统和方法探析——从家训看我国古代家庭教育传统和方法[J].武汉大学学报(社会科学版),2001(1):116-122

[12]杨伯峻,杨逢彬注译.论语[M].长沙:岳麓书社,2000:162

[13]钱穆.略论魏晋南北朝学术文化与当时门第之关系[M]//中国学术思想史论丛 3.北京:三联书店,2009:159

[14][16]赵忠心编著.中国家训名篇[M].武汉:湖北教育出版社,1997:48,6

[15]汪泛舟编著.敦煌古代儿童课本[M].兰州:甘肃人民出版社,2000:175

[17]张英.聪训斋语[M].合肥:安徽大学出版社,2013:50

[18][29][30]颜之推.颜氏家训译注[M].庄辉明,章义和撰.上海:上海古籍出版社,1999:

[19]张鸣、丁明编.中华大家名门家训集成·上[M].呼和浩特:内蒙古人民出版社,1999:898

[20]李鸿章.李鸿章家书[M].邓曙光编注.北京:中国华侨出版社,1994:25

[21][25][26][27]张明仁编著.古今名人读书法[M].北京:商务印书馆,2007:146,149-150,161,126-127

[22]李穆南、郄智毅、刘金玲主编.历代家书[M].北京:中国环境科学出版社,2006:171

[23]刘建生主编.曾国藩家书[M].北京:海潮出版社,2012:524

[24]王竞成主编.中国历代名人家书[M].北京:国际文化出版公司,2009:301

[28]周绍良主编.全唐文新编[M].长春:吉林文史出版社,2000:7375

[31]刘东主编.近代名人文库精萃·林纾 左宗棠[M].西安:太白文艺出版社,2012:146-147

[32]曾国藩.曾文正公家书全集[M].天津:天津人民出版社,2014:29-30

[33]曾国藩.曾国藩家书[M].长春:吉林出版集团有限责任公司,2010:230-231

中国古代家训中的阅读理念阐释

熊 静

阅读是一种让人受益终身的生活方式,培养良好的阅读习惯要从孩子抓起。中国自古就有重视阅读的优良传统,在家庭教育中更是如此。作为孩子认识世界,形成行为规范的起点,家庭教育在儿童成长过程中的作用无可替代。如何在家庭教育中培养孩子的阅读习惯,浩繁的古代家训文献能够给我们提供答案。通过对古代家庭教育中阅读理念的总结,希望能够为今天的家庭阅读、儿童阅读提供借鉴。

1 读书是修身立德之本

读书明理,通过阅读提高个人修养,是古人对于阅读作用最基本的认识。在教育子弟读书时,古人对这方面的内容进行了重点的阐发。那么,古人认为读书与修身有哪些关联呢?

首先,读书可以滋养心灵,让人们获得内心的宁静。清代张英在《聪训斋语》中阐释:"人心至灵至动,不可过劳亦不可过逸,惟读书可以养之。"[1]人的内心是天下最灵敏活跃之物,不能太操劳也不能太安逸,惟有读书才能养护心灵。为什么这么说呢?作者举反例说明:"亲适无事之人,镇日不观书,则起居出入,身惘无所栖泊,耳目无所安顿,势必心意颠倒,妄想生嗔,处逆境不乐,处顺境亦不乐。每见人栖栖皇皇,举动无不碍者,此必不读书之人也。"[2]生活中那些无所事事的人,不需承受读书的辛勤,我们似乎觉得这样的人应该是最安逸的。事实上,这类人却是最烦躁不安的,心灵的空虚让他们胡思乱想,不管是顺境、逆境,都无法安然处之,每天都在惶惶不安的状态中度过,这就是不读书,内心苍白的表现。那么,为什么读书的人就可以远离烦恼,心平气和呢?张氏继续说到:"且从来拂意之事,自不读书者见之,似为我所独遭,极其难堪。不知古人拂意之事,有百倍于此者,诚一平心静观,则人间拂意之事,可以涣然冰释。"[3]概言之,读书能让人打开视野,增广见闻,而一个心胸开阔的人,才能坦然面对生活中的顺逆,获得内心的安宁。

其次,读书可以培育正气,形成高洁的品格。明人吴麟徵《家诫要言》有云:"多读书则气清,气清则神正,神正则吉祥出焉,自天佑之。读书少则身暇,身暇则邪间,邪间则过恶作焉,忧患及之。"[4]从正反两个方面阐明了读书对个人气质的影响。常读书的人,经常能够以书中记载的前圣先贤的思想和事迹来激励自己,树立较高的道德标杆。长此以往,将先贤的道德追求内化为自身的修养,自然而然地散发出浩然正气。反之,不读书的人,缺少敬畏,行为没有底线,小恶累积,最终会忧患及身。

第三,读书帮助人们习得事理并获得处理实际事务的能力,这也是读书的现实价值。在通讯、交通条件不发达的古代,普通人学习知识,洞彻事理主要依靠读书。康熙在《庭训格言》中阐发了书籍的这种功用:"圣贤之书所载皆天地、古今、万事万物之理,能因书以知理,则理有实用。……世之读书者,生乎百世之后而欲知百世之前,处乎一室之间而欲悉天下之理,非书曷以致之?"[5]书籍是沟通天地、古今、万事万物之间的桥梁,借助阅读,人们可以了解超出自己眼界以外的经验和知识。这与荀子《劝学篇》"登高而招,臂非加长也,而见者远;顺风而呼,声非加疾也,而闻者彰"[6]所阐释的道理是一致的。

除了明白事理,阅读还能帮助人们习得各种正确的行为规范,获得处理各种社会关系的能力,学到借以安身立命的各种技艺。《颜氏家训·勉学》就曾指出:"夫所以读书学问,本欲开心明目,利于行耳。未知养亲者,欲其观古人之先意承颜,怡声下气,不惮劬劳,以致甘暖,惕然惭惧,起而行之也;……素骄奢者,欲其观古人之恭俭节用,卑以自牧,礼为教本,敬者身基,瞿然自失,敛容抑志也;素鄙吝者,欲其观古人之贵义轻财,少私寡欲,忌盈恶满,周穷恤匮,赧然悔耻,积而能散也。"[7]

书中记载的事理,归根到底要作用到人们的日常行为中去。对家庭教育来说,教会孩子正确的行为规范和处理人际关系的方法,是应尽的义务。而这些内容,除了长辈对晚辈的口传心授,主要是通过阅读实现的。再退一步说,"夫明《六经》之指,涉百家之书,纵不能增益德行,敦厉风俗,犹为一艺,得以自资"[8]。读书纵使不能提高德行,至少也让人掌握了一门赖以谋生的技艺。从这个意义上说,读书无愧为古人安身立命之本。

2 勤学苦读,持之以恒

"勤"和"恒",是古人对读书最基本的两项要求。古代影响最广泛的童蒙读物《三字经》,就记载了大量勤学苦读的典故。儿童时期是一个人阅读习惯养成的关键阶段,因此,古人在教子读书的家训中,反复强调勤学苦读、持之以恒的重要性。

西汉初年的孔臧教导儿子:"人之讲道,惟问其志,取必以渐,勤则得多。山溜至柔,石为之穿。蝎虫至弱,木为之弊。夫溜非石之凿,蝎非木之钻,然而能以微脆之形,陷坚刚之体,岂非积渐之致乎?"[9]在读书求学的道路上没有捷径可走,必须日积月累,一分耕耘一分收获,勤劳的人收获必然是最多的。教子诗中类似的思想更为普遍,韩愈在著名的《符读书城南》①中说"人之能为人,由腹有诗书。诗书勤乃有,不勤腹空虚。"[10]陆游在《冬夜读书示子聿》也说"古人学问无遗力,少壮功夫老始成。"[10]

读书仅仅靠勤奋是不够的,一时的勤学容易,长期坚持较难。长辈们希望在勤劳之外,子侄同时具有坚持不懈的优良品质。宋人叶梦得《石林家训》云:"旦起须先读书三五卷,正其用心处,然后可及他事。暮夜见烛亦复然。若遇无事,终日不离几案。苟能如此,一生永不会向下。"[11]康熙帝教育子女:"初学贵有决定不移之志,又贵有勇猛精进之心,尤贵有贞常永固不退转之念。"[12]清代的彭端淑为了鼓励子侄勤奋向学所作的《为学一首示子侄》,对勤学之道的论述,今天看来仍有现实意义:"吾资之昏不逮人也,吾材之庸不逮人也,旦旦而学之,久而不怠焉,迄乎成,而亦不知其昏与庸也。吾资之聪倍人也,吾材之敏倍人也,屏弃而不用,其与昏与庸无以异也。……是故聪与敏,可恃而不可恃也。自恃其聪与敏而不学者,自败者也。昏与庸,可限而不可限也,不自限其昏与庸而力学不倦者,自力者也。"[13]

资质高低是先天生成的,但后天的努力可以弥补资质的不足。聪慧、鲁钝二者并非不会互相转化,转化的关键就在于勤奋与否。

3 知行合一

读书的直接成果是获得知识,但一味死读书而不懂活用书上知识的人,只会成为"书呆子"。古人在家庭教育中强调读书的重要性,但对"书呆子"却是持严厉批评态度的。清代钱泳在《履园丛话·笑柄》中说:"为官者必用读书人,以其有体用也。然断不可用书呆子,凡人一呆而万事隳矣。"[14]显然,"书呆子"已经成为了古人的笑料。因此,前人教子读书,一方面希望子孙通过阅读明事理,长才能,另一方面更希望他们能将书本上学到的知识应用到实践活动中去,达到"知行合一"的境界。

《颜氏家训》就曾指出部分读书人只会读书,不通事故的弊病:"世人读书者,但能言之,不能行之,忠孝无闻,仁义不足。……问其造屋,不必知楣横而梲竖也;问其为田,不必知稷早而黍迟也;吟啸谈谑,讽咏辞赋,事既优闲,材增迂诞,军国经纶,略无施用。故为武人俗吏所共嗤诋,良由是乎。"[15]

颜之推批判了那些只会纸上谈兵的读书人,认为这种把道理停留在口中,却不能灵活应用书本知识解决实际问题的人,应该受到人们的嘲笑。如何避免这种情况出现,《颜氏家训》提出了一条整体原则:"学之所以,施无不达。"[16]就是说通过学习掌握了道理,就应该照此做事,只要认真去做,没有做不到的。颜氏提出的方法还比较抽象,清初朱柏庐在《劝言》中说:"先儒谓今人不曾读书,如读《论语》,未读时是此等人,读了后只是此等人,便是不曾读。此教人读书知义理之道也。……所以读一句书,便要反之于身,我能否如是否?做一件事,便要合之于书中古人是如何?此才是读书。"[17]

首先批评了只记忆书中语句,却不求掌握思想内涵的读法,认为这种读法,读了也等于没有读。然后告诫子孙,前圣先贤留下的经典著作,从来不是为了让人们谋求富贵而作,而是希望后世读书之人通过学习成为好人,甚至大圣大贤之人。怎么将书中知识和现实生活联系起来?关键在于"反之于身"。书籍是古人人生经验的总结,今人在读书时,要不断考问自己,遇到相同的情况,我能这么做吗?做一件事时,也要反过来思考古人在遇到同样情况时会怎样处理。

需要注意的是,古人在教育子女时强调知行合一,"知"的内容是以儒家伦理道德观搭建起来的,其中很多内容已经不适应今天的社会发展。但不能死读书,要将书本上的知识活用起来,将书本内容与自身实际情况结合起来,勤加思考,这在古今中外皆是通用的。

4　勤读圣贤书

中华典籍数量浩繁,穷毕生之力也不可能尽读。特别是在古代,书籍获得不易,人的精力也有限,对阅读内容的选择必须慎之又慎。因此,哪些书应该读？哪些书要首先读？是家庭教育首先要解决的问题。"勤读圣贤书,尊师如重亲"[18],是古人在家训中一致的回答。

唐柳宗元《送内弟卢遵游桂州序》说:"浸润以《诗》《易》,动摇以文采。"[19]李华《与外孙崔氏二孩书》云:"汝等当学读《诗》《礼》《论语》《孝经》,此最为要也!"[20]清人朱柏庐在《劝言》中说:"若能兼通六经及性理、《纲目》《大学衍义》诸书,固为上等学者。不然者,亦只是朴朴实实,将《孝经》《小学》、四书本注,置在案头。常自读,教子弟读,即身体而力行之,难道不成就好人?"[21]可见,古人要求子弟读的书就是今天被称为儒家经典的各类书籍。在儒家学说占据思想统治地位的古代社会,儒家经典著作不仅是人们的伦理道德规范,同时也提供行为准则。清张英在《聪训斋语》中说:"《论语》文字,如化工肖物,简古浑沦而尽事情,平易涵蕴而不费辞。于《尚书》《毛诗》之外,别为一种。《大学》《中庸》之文,极闳阔精微而包罗万有。《孟子》则雄奇跌宕,变幻洋溢。秦汉以来,无有能此四种文字者……当细心玩味之。"[22]

这也是儒家思想浸润下,一般读书之家对古代经典的看法。儒家经典在古代读书人心中有着神圣的地位,古人训诫子弟读书,必然从四书五经开始。但是,由于三代之世去今已远,仅仅读这些书,不足以应付现实生活中的种种复杂情况,以儒家经典为起点,古人也强调扩大阅读范围。张履祥《训子语》云:"书籍惟六经诸史、先儒理学,以及历代奏议,有关修己治人之书,不可不珍重护惜。下此,则医药卜筮种植之书,皆为有用。"[23]

给子侄读书划定了一个范围,同时也规定了阅读的次序。在中国古代正统文化观中,诸如戏曲、小说之类的俗文学作品,被卑而下之,是没有资格进入文坛主流的。古代所称的"经典",有明确的内涵,专指儒家经典著作,也就是前面所谓的"圣贤书"。但是,随着时代的发展,经典的概念在变迁,经典的内涵和外延也在随之发生变化。在古代被目为小道的戏曲、小说,至民国时期,俨然进入学界名流为青年学子开列的必读书单,足见经典概念的时代性。但是,虽然不同的时代有不同的经典,然而一般意义来说,只有那些经历了时间考验的作品才能进入经典著作的行列,这是人们的共识。家庭教育是儿童阅读的起点,在启蒙阶段,用经典的力量培养孩子阅读的兴趣和习惯,对他们的一生将产生深远的影响。这也是古代家庭教育对我们的启示。

5 博约相宜

广博(博)和专精(约)是古代学者论学的一道永恒命题。古时推崇博学的学者很多,孔子说"博学于文,约之于礼"[24],"博学而笃志,切问而近思"[25]。西汉刘勰认为博览是"才思之神皋"[26]。主张专精的学者也不少,如朱熹就认为"夫学,非读书之谓。然不读书,又无以知为学之方。故读之者贵专而不贵博。盖惟专为能知其意而得其用,徒博则反苦于杂乱浅略而无所得也。"[27]总的说来,清人崔述总结"大抵古人多贵精,后人多尚博,世益古则其取舍益慎,世益晚则其采择益杂。"[28]

但在家庭教育中,大多数家训名篇在谈到"博约"的问题时,都是主张以专精为先的。康熙帝在《庭训格言》中说,"书不贵多而贵精,学必由博而致约。"[29]张英《聪训斋语》亦云:"读文不必多,择其精纯条畅,有气局词华者,多则百篇,少则六十篇。神明与之浑化,始为有益。若贪多务博,过眼辄忘,及至作时,则彼此不相涉,落笔仍是故吾。"[30]

晚清曾国藩还特别为子弟读书总结出"专字诀":"若夫经史而外,诸子百家,汗牛充栋。或欲阅之,但当读一人之专集,不当东翻西阅。……此一集未读完,断断不换他集,亦专字诀也。"[31]

当然,并不是所有古代家训都只强调专精,《颜氏家训》就说:

"夫学者贵能博闻也,郡国山川,官位姓族,衣服饮食,器皿制度,皆欲根寻,得其原本。"[32]进而提出"观天下书未遍,不得妄下雌黄"[33]。发明了"专字诀"的曾国藩也说:"看生书宜求速,不多阅则太陋"[34]。读书固然要专心致志,但只局限在几本书上,眼界不宽,知识面不够,也是有缺陷的。《颜氏家训》和曾国藩提出的读书原则,给我们调和"博约"之间的关系提供了很好地借鉴。

书不可尽读,对于经典著作,应当按照"精"的原则,反复钻研,吃透领会。对于一般的书籍,则可以适当加快速度,博取速阅。再引申一步,对于自己感兴趣的问题或者研究领域,应该围绕某个主题进行精深的阅读,而对周边书籍则可以采用泛读的方式。

精和多本就不是截然对立的,古人在家庭教育中更赞成精读,是因为家训对象是族中晚辈。人在幼年时期,注意力有限,精力容易分散,过分强调博学,容易给孩子造成沉重的心理负担,甚而产生厌学的情绪。少而精地读,有助于良好的阅读习惯的养成,并为以后的学习打下坚实的基础。用汪帷宪《寒灯絮语》中的一段来总结:"古人读书贵精不贵多,非不事多也,积少以至多,则虽多而不杂,可无遗忘之患。"[35]

6 读书非为求利禄

读书与仕宦,是讨论中国古代阅读传统绕不开的话题。正如许多学者指出的那样,在中国古代的宗族社会中,通过科举考试获取功名,不仅是改变个人命运的途径,也是光宗耀祖,改换门庭的机会,家族荣耀系于一身,也就无怪乎古人家教要从小就灌输给孩子读书仕宦的思想。

翻阅古代家训,类似的表述比比皆是,如唐代大诗人杜甫说"富贵必从勤苦得,男儿须读五车书"[36]。杜牧在给侄子的诗中祝愿他:"朝廷用文治,大开官职场。愿尔出门去,取官如驱羊"[37]。清代的张英也教育子女"文章乃荣世之业,士子进身之具","读书所以取科名,继家声",故而"幼年当专攻举业,以为立身之本"[38]。但是,如果我们就此认为古人教育子弟读书的目的只是为了让其科举夺魁,那就是误读古人了。

清人唐彪在《唐翼修人生必读书》中引用何士明的话:"功名富贵,固自读书中来,然其中有数,非人力所能为也。"[39]故此,唐氏总结到:"吾谓读书者,当朝温夕诵,好问勤思。功名富贵,听之天命。惟举孝弟忠信,时时励勉,苟能表帅乡间,教导子侄,有礼有恩,上下和睦,即此便足尊贵,何必入仕,然后谓之仕哉!"[40]表达了对读书入仕达观的态度。

晚清左宗棠在给儿子的信中直接提出"读书只要明理,不必望以科名",对那种只求利禄的读书思想提出了严厉的批评,"以科名为门户计,为利禄计,则并耕读务本之素志而忘之,是谓不肖矣"[41]。认为那样的人是不肖子孙。在给另一个儿子的信中,进一步阐发:"所贵读书者,为能明白事理,作圣作贤,不在科名一路。如果是品端学优之君子,即不得科第,亦自尊贵。……近来时事日坏,都由人才不佳,人才之少,由于专心做时下科名之学者多,留心本原之学者少。且人生精力有限,尽用科名之学,到一旦大事当前,心神耗尽,胆气薄弱,反不如乡里粗才尚能集事,尚有担当。"[42]左宗棠身逢末世,为一代名臣,指出科举制度对读书人的限制和伤害,可谓一针见血。

当然,由于时代的局限,并不是所有学者都能从科举制度本身认清"读书求功名"的弊病。宋人陆九韶在《居家正本制用篇》中给出了另外一个角度:"世之教子者,惟教之以科举之业,志在于荐举登科,难莫难于此者。试观一乡之间,应举者几人,而与荐者有几。至于及第,尤其希罕。盖是有命焉,非偶然也,此孟子所谓求在外者,得之有命是也。至于止欲通经知古今,修身为孝弟忠信之人,此孟子所谓求则得之,求在我者也。此有何难,而人不为邪?"[43]

古代科举考试的竞争是残酷而激烈的,有一跃龙门的喜悦,但是伴随大多数人的是屡试不第的凄凉。父母爱子,当然寄望子女成龙成凤,但更不忍的是子弟将终身精力耗费在漫长无期的科考中,故而对读书与仕宦保有理性的认识,才是家庭教育最好的选择,所谓"非欲汝读书取富贵,实欲汝读书明白圣贤道理,免为流俗之人"[44]。拳拳之心可见一斑。

以标准化考试为主要手段的人才选拔制度实行一日,读书求功名的思想就不会消失,科举时代如此,今天也不例外。但是至少在家庭教育中,应该让阅读回归它的本质,让孩子感受到阅读本身的快乐,这是古代家训给我们提供的启示。

7 书香家风

读书环境,看上去与阅读本身并无太大关联。但是,好的学习氛围对人的促进作用是巨大的。特别是青少年阶段,容易受到环境因素的影响,营造一个良好的阅读氛围,对阅读兴趣和习惯的养成甚为关键。

历代家训中也有大量论及营造阅读氛围的文字。如《颜氏家训》就强调:"与善人居,如入芝兰之室,久而自芳也;与恶人居,如入鲍鱼之肆,久而自臭也。墨子悲于染丝,是之谓也。"[45]司马光在《家范》中也说:"夫习与正人居之,不能毋正。犹生长于齐,不能不齐言也。习与不正人居之,不能毋不正。犹生长楚,不能不楚言也。"[46]

古人对阅读氛围的重视值得我们学习。今天,越来越多的家长认识到从小培养孩子阅读兴趣的重要性,但是,愿意花时间陪孩子一起读书的父母并不多。当成人的业余时间都被智能手机和平板电脑占据之时,又如何要求孩子安静地阅读呢?所以,培养孩子阅读习惯的第一步,不是购买数量重多的图书,而是在家中营造一个书香的世界。在静谧柔和的灯光下,父母与孩子各自手持一本书,安静地阅读,应当是家庭教育中最美的画面。

(2016年10月)

参考文献：

[1][2][3][7][8][15][16][17][21][23]赵忠心.中国家训名篇[M].武汉:湖北教育出版社,1997:251-252,45,42,245,313

[4][13]马誉国,马吉照.父母课—我国传统家庭教育经典译注大全[M].合肥:安徽人民出版社,2013:221,263

[5][12][29]康熙.廷训格言[M].杭州:浙江古籍出版社,2013:107,22,107

[6]荀子[M].安小兰,译注.北京:中华书局,2007:4

[9]余欣然.中国历代家书精华[M].北京:中国社会出版社,2005:105-106

[10]曾祥芹,刘苏义.历代读书诗[M].北京:中国文联出版社,2001:52,176

[11]王人恩.古代家训精华·精编本[M].兰州:甘肃教育出版社,2012:103

[14]清代笔记小说大观[M].上海:上海古籍出版社,2007:3678

[18]范仲淹家训百字铭[M]//范氏历代先贤史料.香港:景范教育基金会,2011:128

[19]柳宗元.柳河东全集:上[M]朱玉麒,杨义,倪培翔,等译.北京:北京燕山出版社,1996:538

[20]姚铉.中华传世文选:唐文粹[M].长春:吉林人民出版社,

1998:916

[22][30][38]张英.聪训斋语[M].合肥:安徽大学出版社,2013:42,48,51-53

[24][25]杨伯峻,杨逢彬,注译.论语[M].长沙:岳麓书社,2000:55,182

[26]刘勰.文心雕龙译注·事类三十八[M].上海:上海古籍出版社,2012:254

[27]朱熹.朱子读书法·学规类编[M]//中国名家读书法.北京:中国铁道出版社,2000:95

[28]顾颉刚.崔东壁遗书:第4册.[M].上海:亚东图书馆,1936:31

[31]曾国藩.曾国藩家书选注[M].合肥:安徽人民出版社,2013:61

[32][33]刘舫,编注.颜氏家训[M].杭州:浙江古籍出版社,2013:76,77

[34]曾国藩.曾文正公家书全集[M].天津:天津人民出版社,2014:393

[35]翟博.中国家训经典[M].海口:海南出版社,1993:682

[36]杜甫.题柏学士茅屋[M]//秦言.中国历代诗词名句典.北京:中国商业出版社,2011:299

[37]杜牧.冬日寄小侄阿宜诗[M]//杜牧诗选.呼和浩特:内蒙

古人民出版社,2003:72

[39][40]张鸣,丁明.中华大家名门家训集成:下[M].呼和浩特:内蒙古人民出版社,1999:1836

[41][42]刘东.近代名人文库精萃:林纾 左宗棠[M].西安:太白文艺出版社,2012:228,151

[43]周秀才等编.中国历代家训大观:上[M].大连:大连出版社,1997:256

[44]陆陇其.陆清献公示子弟帖[M]//陈宏谋.养正遗规.北京:中国华侨出版社,2012:255

[45]魏舒婷.传统家训[M].合肥:黄山书社,2012:161

[46]司马光.家范[M].长春:北方妇女儿童出版社,2001:35

儿童阅读应从纸本开始

王余光

近十年来,读书成为一个广受人们关注的话题。不少学校与图书馆,积极开展阅读推广活动,颇受学生或读者的欢迎。我本人也身逢其会,参与其中。以我亲身的感受,在阅读推广活动中,一些共性的问题也被不断地提出。其中,纸本阅读与数字阅读的争论一直没有停止过。

一部分人认为,纸本阅读系统深入,是一千多年来形成的阅读习惯,不会在我们这一代完全消失。另一部分人认为,数字阅读方便快捷,随着网络技术的发展,"无纸化社会"即将到来,阅读的未来必然是数字化的。还有第三种观点,认为是读书还是读网,这或许并不重要,重要的是读什么内容。

以我的理解,纸本阅读将逐步被数字阅读所取代,纸本读物将在儿童阅读、经典与学术著作的阅读及收藏领域得以长期存在。对成年人阅读来说,第三种观点值得重视。但对于儿童阅读,我的观点是:培养孩子的阅读习惯,要从纸本阅读开始。

用电脑或电子阅读器难以培养儿童的阅读习惯,相反,容易让孩子沉迷于电子游戏以致上瘾。以前,家长教育孩子通常会给他讲故事,陪他看书,帮助孩子逐步培养阅读能力与读书习惯。到了今天,很多家长因为忙,或不耐孩子的纠缠,就买个iPad让孩子玩,把iPad变成了"孩子的保姆"。iPad里面内容极为丰富,而且有交互功能,但也有不利的影响:孩子与父母的互动大大减少,与真实的社会接触减少,与现实的同伴接触大大减少,那将来这些人是不是会越来越孤独,不善于交流?如果孩子沉迷于电子游戏以致上瘾,那么这些电子阅读器就无异于是孩子们的"鸦片"。这些问题虽然今天已有所表现,但还不是普遍现象,但将来由iPad"保姆"带大的孩子,这种情况会越来越普及。孩子只玩游戏,没有阅读的习惯,不是我们想看到的结果。

家庭与社会环境对孩子的阅读是有重要影响的。全民阅读的一个重要目标,我认为应提倡家庭藏书,为家庭成员,特别是孩子,营造一个阅读的环境和氛围。在此基础上,方可开展国际上比较流行的培养有修养的母亲、提倡亲子阅读等活动。在家庭之外,带孩子上图书馆,也是培养孩子阅读习惯的重要途径。全民阅读的另一个重要目标,我认为就是要加强图书馆建设,给儿童一个良好的社会环境。

就我所知,图书馆界在全民阅读方面,已作出了很多努力,以实际行动推动社会关注阅读、关注儿童读书。东莞图书馆、苏州图书馆、佛山图书馆等一些市级图书馆,江苏太仓图书馆、山东青州图书馆、深圳龙岗图书馆等县区图书馆,或结合区域特色与当地读书传统,或结合不同年龄人群的特点,开展有针对性的读书活动。如东莞图书馆,在开展低龄儿童阅读活动中发现,不少图书馆或家长,在为孩子选择优秀图画读本时遇到一定的困难。因此,馆员们根据儿童身心发展的特点,结合自身工作的经验,编撰了一套《成长图书馆》丛书(已出版两种),为图书馆或家长指导儿童阅读,提供了很好的参考。

图书馆是培养儿童阅读习惯的重要场所,这应当引起社会与家长们的重视。

(2013年2月)

探索规律:踏实提高儿童阅读推广水平

王玮

阅读对于儿童个体发展和国家未来的重要性的认识广为人知,是图书馆、出版、文学、教育等多个领域共同的话题。进入21世纪,儿童阅读推广开始受到整个中国社会的普遍关注。在这一时代背景下,儿童阅读推广活动可谓"顺势而为"。

儿童阅读推广,可以简单理解为向儿童推广阅读,但这项工作不应仅是简单地提高读者到馆率、书刊流通率,也不仅仅是活动频次和规模不断增长的"数字"。我们儿童阅读推广人要始终铭记在心的真正目标是让更多的儿童爱上阅读,养成良好的阅读习惯,提升阅读能力和文化素养,这也是我们对儿童阅读推广效果评估的关键所在。

由于儿童心理和生理尚在生长发育过程中,周边的成人具有支持和引导的义务。因此,儿童阅读推广的工作对象不仅是儿童,还要包括他们的父母、学校的教师和儿童生活环境中的其他成员,这一点是我们在日常儿童阅读推广工作中需要格外关注的。少儿图书馆从馆藏角度,需要增加育儿类和教育类读物,从阅读推广活动策划角度,也需要研究并设计"家长课堂"一类的活动。只要是影响到儿童及其家长的环境因素,都是要充分利用的内容。

儿童阅读推广既是图书馆阅读推广工作的重要组成部分,同时也是一项社会系统工程。纵向观察,涉及儿童读物的生产和流通(童书的创作与出版,童书的推荐与评论,童书的销售与购买,童书的使用等)横向观察,涉及家庭、幼儿园、学校、社区、图书馆、书店等都是重要阅读环境,政府、媒体、科研机构对儿童阅读推广活动,也都能施加积极的影响。

本书第一章"概述"对儿童阅读推广系统的描述,是作者对国内外儿童阅读推广活动的思考和总结。我们的编写初衷不是提供一份中国图书馆界儿童阅读推广活动的工作报告,也不限于为图书馆员提供一本从事儿童阅读推广活动的工作手册。而是试图在宏观高度、全方位地去考量"儿童阅读推广"这项文化活动,为社会文化服务机构的图书馆找到自身在这一系统中的定位,并充分利用系统中的上下游资源,更好地服务于儿童阅读推广。

图书馆在儿童阅读推广活动中有着重要的地位和核心作用,原因在于图书馆与其他相关机构存在着重要差异:图书馆没有市场化出版、销售活动的盈利需求;图书馆的文献资源数量高于任何家庭、社区或其他社会组织;图书馆提供了免费、开放和公平的活动空间;图书馆的这些优势是其他机构所不具备的。同时我们也看到当前图书馆专业能力相对于资源优势存在明显不足,简而言之就是图书馆缺乏高水平的专业化服务。如果图书馆只有免费服务而没有专业优势,那是一种悲哀。有些图书馆组织馆员参加社会相关机构培训,表现出了一种积极的姿态,但一些图书馆把儿童阅读推广活动实行外包的做法,就值得商榷了。

当代社会各行业都在强化自身的核心竞争力,这个核心就是人才,而非资金与设备。图书馆必须建立自己的专业化儿童阅读推广工作队伍,这是保持图书馆在儿童阅读推广活动中核心地位的关键。图书馆的儿童阅读推广工作者必须熟悉儿童读物,懂得儿童心理,有志于儿童教育,学会各种阅读推广活动的策划与组织。图书馆员要向幼儿园老师学习,掌握能讲会演、能唱会跳、能玩会做等专业能力,进而依托图书馆的资源、设施等优势,才能与社会其他机构一起,共同承担服务儿童阅读的社会职责。

当前我国图书馆界的儿童阅读推广研究,大多还在介绍国外同行的活动形式和操作方法阶段,媒体也以各图书馆的项目报道为重心。其实,我们更需要花精力去认真研究本馆的读者和用户群体。我们从事的每一项阅读推广活动,不在于形式的新颖花哨,而要看重实际成效。图书馆要在阅读推广活动的设计阶段,就明确活动效果的测评要求,然后跟踪活动的每一个操作环节,像科学实验一样进行阅读推广的活动设计。然后根据反馈信息,不断总结经验,随时优化活动方式与工作方法,从而获得一些规律性认识,找到适合能在业内外推广的儿童阅读推广专业工作模式。

(2016年4月)

下编 阅读史研究

《中国阅读通史》序

王余光

中国有几千年的读书史,几千年来,书籍的制作方式几经革新,但人们藏书与读书的方式并没有发生根本的变化。近十几年来,即此世纪之交的时代,随着电视、网络与智能手机的普及,人们的藏书与读书生活发生了根本的变化。数据库、电子书的出现,颠覆了人们的藏书理念;而网络阅读、手机阅读也改变着传统的阅读习惯。这是读书人生活的一场真正的革命,不能不让人迷惑与反思。对中国阅读史的研究,或许正是基于现实的一种历史反思。

中国是一个史学发达的国度。传统史学如正史、编年史高度发展,而专门史、专题史发育不良。近百年间,受西方学术思想的影响,专门史得到很快的发展,大多齐备。二十世纪后期,图书文化史的研究,受到学界的重视。图书文化史中的三大支柱:出版史、藏书史、阅读史,研究成果逐步增多。在本世纪初,中国出版史与藏书史,均有通史出版,但阅读史的研究相对薄弱。二十世纪八十年代,在欧美的一些大学中,已开设阅读史的课程,并开展相关研究。有几千年阅读历史的中国,还没有一部著作加以系统的叙述与总结,这不能不说是一个缺憾。

正是以上原因,《中国阅读通史》的编撰被提上议事日程。

相对于出版史、藏书史关注图书的制作过程、收藏与传承,阅读,它是一个思想与认知的过程。从这个意义上说,阅读史,如英国学者柯林武德在《历史的观念》一书中所说的,是真正的"作为心灵的知识的历史学"。这样,阅读史的资料、描述、解释等一系列问题,对研究者来说,就构成了相当大的挑战。然而,近三十年的认知与探索,让我们这个研究团体,不仅积累了相当丰富的中国阅读史的资料,在研究方法与研究实践上也具备了一定的经验,同时也完成了与中国阅读史相关的一些学术成果。

自我读大学本科以来,中国图书出版、收藏的历史,即是图书馆学长期关注的话题,也是我感兴趣的领域。对中国阅读史的兴趣,则源于我在上世纪八十年代中期主编的《影响中国历史的三十本书》[1]。一本书的影响,来源于读者对这本书的阅读与阐释。而《影响中国历史的三十本书》,正是选择中国历史上一些重要著作,着力讨论历代读者对这些重要著作的阅读、解释与评论,及这些重要著作对中国历史的进程是如何产生影响的。

1990年,我与徐雁合作主编的《中国读书大辞典》[2]编纂工作开始启动。这部工具书近两百万字,我们搜集了相当丰富的古今中外与阅读领域的相关资料,其中也包括了大量的中国阅读史资料。虽然这是一部辞书,但在编纂过程中,我们的视野更加开阔了,对细节有了更多的关注。《中国读书大辞典》在1993年出版后,得到了社会的好评,1994年获第八届"中国图书奖",此后多次重印。

1997年,我与几位同道将几种中国古代读书史的资料加以汇集成《读书四观》[3]一书出版,这本书所选《读书训》《读书止观录》《读书纪事》及《先正读书诀》,均为明清时期著名藏书家、学者辑集的先秦以来的读书古训和读书掌故,思想深刻,事迹生动,内容丰富,文笔晓畅。我们为之作了简明的注释,并加以翻译,既可为研究参考,又便于一般读者阅读。同年,吴永贵等人编译的《把卷心醉》一书出版,该书辑录中国古代关于读书、藏书方面的资料,并加以翻译。也是在这一年,由我主编的对中国现代名人的阅读活动进行总结的《中国名人读书生涯》丛书十种,相继在长江文艺出版社出版。

此后数年,由我主编的《中国读者理想藏书》[4]、《读好书文库》[5]、《书海导航》[6]、《世纪阅读文库》[7]等系列读物相继出版。这些编撰工作在社会上引起了一定的反响,让越来越多的人开始把目光投注在阅读问题上。以上这些著作和丛书的编撰,为我们下一阶段转入对阅读文化与阅读史的全面研究做好了基本资料的准备,同时也奠定了一定的实践基础。

2000年,我与北京大学信息管理系的部分师生,举行了对阅读史和阅读文化为研究对象的专题讨论会,对阅读史与阅读文化、国外阅读史的研究状况及如何建设中国阅读史等问题进行了热烈讨论。通过这次讨论,大家对中国阅读史的构建提出了一些初步的设想。此后,我结合研究生课程的教学,召集硕、博士生,以阅读史与阅读文化为题展开了多次讨论,并发表了一系列论文。我在2001年发表的《关于阅读史研究的几个问题》[8]一文,对中国阅读史资料、阅读的内涵、阅读的时代变迁、中国阅读的传统、书籍的力量与象征意义等问题展开初步讨论,但对中国阅读史的具体内容缺少必要的探讨。

2003年,我承担了教育部人文社会科学研究(博士点基金)项目:《中国阅读史研究》。这个项目试图从理论上解决中国阅读史研究中的一些问题。同年9月,安徽教育出版社曹露明社长与编辑刘洪权博士来北京大学参加《胡适全集》首发式。其间,社长约我在北京大学勺园餐叙,我在席间提出编纂多卷本《中国阅读通史》的构想,得到社长的支持。

经过一年多的准备,2004年11月13日,在安徽教育出版社的支持下,由北京大学、南京大学、武汉大学、苏州大学等院校的相关研究者共同参与的《中国阅读通史》编撰会议在北京大学召开。安徽教育出版社刘洪权,南京大学徐雁,武汉大学王三山、黄鹏、吴永贵,苏州大学黄镇伟,包头师范学院王龙,北京大学张积等诸位先生,以及我与我指导的硕博士生、在站博士后共20余人参加了会议。会议就《中国阅读通史》撰写的意义、内容、分卷大纲以及编撰过程中的学术规范和研究进程等内容进行了讨论,经过充分研讨,与会代表对中国阅读通史内容、体系、架构等问题达成了共识,明确了撰写的主旨①。

在本次会上,我提出了中国阅读通史按历史时期分卷撰写,全书分十卷,除首卷为理论卷,阐释阅读史研究的基本框架和一般问题,末卷为图录与索引,其余八卷,按历史时期划分,叙述各时期阅读的历史过程。我们认为:一个读者的阅读行为受外在与内在两个方面的影响。外在因素包括社会环境与教育,社会意识与宗教,学术、知识体系,书籍出版、流传与收藏,文本变迁等。这些因素对阅读行为产生重要影响。内在因素包括谁阅读、如何阅读、读什么、在何处读等因素,这些因素构成了个人的阅读史。我们将上述两方面,并结合阅读史研究资料与理论,分解为八个问题,以纲目的形式分述如下:

中国阅读史研究纲要

一、阅读史研究的基础

1. 中国阅读史资料的集结

2. 历代学人论读书、论读书方法、论读书的价值等。

二、理论研究

1. 国外阅读史研究进展

2. 国内阅读史研究进展

3. 阅读史研究内容

4. 阅读文化发展的阶段性

5. 阅读文化发展的区域性

三、文本变迁与阅读

1. 文字统一与阅读

2. 载体变迁与阅读

3. 制作方式与阅读

四、社会环境、教育与阅读

1. 经济条件对阅读的影响

2. 出版对阅读的影响

3. 书籍流传、收藏与阅读的关系

4. 教育对阅读的影响

5. 推荐书目

五、社会意识、宗教与阅读

1. 政治意识、国家的文化政策对阅读的影响

2. 禁书

3. 群体意识与阅读的关系

4. 宗教信仰与阅读

六、学术、知识体系与阅读

1. 从书目看历代知识体系的构成、变迁,与阅读的变化

2. 注释与翻译问题

3. 工具书与阅读

4、推荐书目与阅读

七、中国阅读传统

1. 思想层面

2. 学而优则仕

3. 勤学苦读

4. 对文本的尊重,对知识的崇敬、对书籍的爱护

5. 书籍的力量与象征意义

八、个人阅读史

1. 书香世家

2. 藏书楼、书房与读书处

3. 阅读习惯

4. 读书经历与思想

5. 生活、时尚与阅读

6. 书呆子、被读书所误

这个纲要汇集了与会众多学者的智慧,并成为我们论述中国每个时期阅读史的主要框架。

2007年,我与课题组成员完成了《中国阅读史研究》项目研究工作,并将项目成果,结集出版了《中国阅读文化史论》[9]一书。在这本书中,我们就阅读文化与阅读史研究的相关问题展开讨论。

这些研究成果为《中国阅读通史》的撰写提供了较好的理论基础。

经过十余年的努力,至2015年,十卷本《中国阅读通史》从初稿到修改工作基本完成。同年10月,我组织硕博士生对全部书稿的引文注释等作了一次校对。2016年7月,安徽教育社在合肥召开了一次作者与责任编辑参加的统稿会。至此,全书基本完成了定稿工作。全书十卷确定如下:

第一卷 理论卷

第二卷 先秦秦汉卷

第三卷 魏晋南北朝卷

第四卷 隋唐五代两宋卷

第五卷 辽西夏金元卷

第六卷 明代卷

第七卷 清代卷(上)

第八卷 清代卷(下)

第九卷 民国卷

第十卷 图录与索引

安徽教育出版社在出版学术著作上的坚持,深得学术界的赞赏。十余年来,该社一直支持着这部通史的撰写工作。在这部通史即将出版之际,我与各位作者对安徽教育出版社的帮助,至为感佩。

刘洪权博士作为安徽教育出版社的编辑,负责本书撰写的进程。2009年他调离安徽教育出版社,进入安徽大学任教,仍然关注本书的撰写进展。随后由出版社唐秀女士负责该书的编辑工作,其尽心尽力,贡献良多。该书后期编辑统筹工作由江舟、陶忠娣两位女士负责,她们为该书的出版付出了大量辛劳。上海大学熊静博士对书稿后期的修改、统稿及相关协调作了很多工作。在此一并致谢!

现今的中国,有很多工程、项目或战略。我以为,推广阅读,鼓励国人读书,或许是这个民族最重要的战略。十余年来,《中国阅读通史》的作者一直没有申请研究项目,该书的撰写,是我们的一种自觉行为。我不能肯定,这种行为是否是来自现实的反映。意大利史学家克罗齐认为:我们只能以我们今天的心灵去思想过去,从这个意义上说,一切历史都是当代史。中国曾经是世界上图书文化最发达的国家,且极具民族特色。中国图书从载体、用墨、印装到文字,均系自身发明,形成了非常有民族特色的图书文化,并对世界的图书文化产生了重大影响。而阅读文化正是图书文化的重要一环。我们带着敬畏的心灵去思想那些辉煌的过去,这正是我们的动力所在。

司马迁云:述往事,思来者。通过我们的努力,我们期盼未来阅读史的研究更加辉煌。通过对中国阅读历史的叙述,我们希望未来的中国,是一个书香的中国。

(2015年9月初稿 2016年8月修改)

注释：

①关于这次会议的内容，详见许欢《中国阅读通史编撰工程启动》，《图书馆杂志》2005年第3期。

参考文献：

[1]《影响中国历史的三十本书》，王余光主编，武汉大学出版社1990年初版，2007年新版。韩国汉城知汉城知永社1993年韩文版，台北洪叶文化事业有限公司1994年版。

[2]《中国读书大辞典》，王余光 徐雁主编，南京大学出版社1993年初版。

[3]《读书四观》，王余光等编译，湖北辞书出版社1997年初版。崇文书局2004年新版。

[4]《中国读者理想藏书》，王余光主编，光明日报出版社1999年出版。

[5]《读好书文库》第一辑12种，王余光等主编，云南人民出版社1999年版。

[6]《书海导航》3册，王余光主编，宁波出版社，2000年出版。

[7]《世纪阅读文库》4册，王余光等主编，陕西师范大学出版社2001年版。

[8]《关于阅读史研究的几个问题》，《图书情报知识》2001年第3期。

[9]《中国阅读文化史论》，王余光等著，北京图书馆出版社2007年出版。

"述往事,思来者"
——《中国阅读通史》编纂记

王余光

2018年1月,由安徽教育出版社出版的十卷本《中国阅读通史》在北京举行了新书发布会,这标志着历时13年之久的"中国阅读通史"编纂计划终告竣成。"浮云一别后,流水十年间",作为编纂计划的发起人和这部书的主编,在感叹时光易逝之余,回顾编撰过程中的种种艰难,也要衷心地感谢关心、支持《中国阅读通史》的各界朋友。在当今略显浮躁的学术环境下,在学术出版举步维艰之时,正是由于作者团队和各界朋友不计报酬的投入,出版社的鼎力支持,《中国阅读通史》才能在十余年毫无项目资助的背景下完成书稿的撰写,这不能不说是学术出版上的一个小小奇迹。因此,蒙《图书馆论坛》刘洪老师盛情,给本书的作者提供一个与读者交流的平台,借此机会,我愿将《中国阅读通史》的编撰过程和本团队关于构建"中国阅读史"研究体系的想法分享给读者,借以表达我对各界朋友衷心的谢忱。

编撰《中国阅读通史》的想法,最早源起于我和本书的副主编之一——徐雁先生合作主编的《中国读书大辞典》。1990年,我们为了编写这本辞典,收集了大量中国阅读史资料。1997年,我与几位同道选取了中国阅读史上重要的几种文献,加以注释、翻译,以《读书四观》之名出版。随后的几年里,我和学生合作编写了一些介绍古代阅读方法和理念的书籍,比如《把卷心醉》。并有大量经典导读类的丛书出版,如"读好书文库""书海导航""世纪阅读文库"等。同时,我们也开始关注国际阅读学和阅读史学的研究进展。阅读史在西方可称"显学",研究者众多,成果斐然,但西方阅读史研究对于中国的关注非常少,即使提到,也不免浮光掠影。我国是一个拥有数千年优良阅读传统的文明古国,关于读书、阅读的史料浩如烟海,却没有一部梳理本国阅读史的学术专著出现,这不仅是学术史的缺失,更是民族文化传承的遗憾。因此,编写"中国阅读通史"的想法变成了我和一批同好们的共识,而前期的众多编撰和资料收集工作,也为下一步计划的展开奠定了基础。

2000年,我召集北京大学信息管理系部分师生展开了一场关于阅读史和阅读文化的研讨会,通过会上激烈的讨论,我们对中国阅读史的构建提出了一些初步设想。随着思考的深入,2001年我发表了《关于阅读史研究的几个问题》,提出了一个基本的中国阅读史研究框架。在这个过程中,我们结识了一批对读书、阅读史研究怀有热忱的同道,大家都感到了编写《中国阅读通史》的必要性和紧迫性。于是,2004年我正式提出了编撰多卷本《中国阅读通史》的想法,得到了安徽教育出版社的大力支持,同年11月我们在北京大学召开了第一次编撰会议,会议就《中国阅读通史》撰写的意义、内容、分卷大纲以及编撰过程中的学术规范和研究进程等方面的内容进行了讨论,最终在中国阅读通史内容体系的架构问题上达成了共识,明确了编撰主旨。综合与会学者的集体智慧,我在本次会议上提出了《中国阅读史撰写纲要》,确定了这部书的编写体例。

编写体例确定后,各卷负责人分头组织写作团队,一批来自南京大学、武汉大学、苏州大学等国内著名院校的同道参与其中。随着编撰的深入,我们根据资料蒐集和书稿撰写过程中发现的问题,不断修正、完善"中国阅读史"的研究体系,精心打磨书稿,克服重重困难,终于在2015年底完成了全部书稿的撰写工作。2016年,安徽教育出版社以本书申请了国家出版基金资助,并于7月底在合肥召开了全体作者参加的审稿会,有了充裕的资金支持,本书的后期工作得以较为顺利地展开。成书后的《中国阅读通史》共有十卷,首卷为《理论卷》,由我和我的学生汪琴共同撰写,主要讨论了中国阅读史和阅读文化的研究范围和研究框架,政治、经济、文化、出版等相关因素对阅读的影响,以及中国阅读的传统和精神等理论问题。第二至九卷,按照阅读的时代特征,将中国阅读史划分为11个相对独立的阶段,探讨每一阶段内阅读的整体特征、环境因素对阅读的影响、阅读方法和理论的演进、各类阅读群体的阅读特征、代表性读书人物及其贡献等话题。其中,第二卷分为先秦编和秦汉编,由扬州大学的徐林祥、张立兵,和北京大学的张积分别撰写。第三卷魏晋南北朝和第七卷清代(上)由西南大学的何官峰撰写。第四卷分为隋唐五代和两宋两编,作者是苏州大学的黄镇伟。第五卷辽西夏金编和元编,第六卷明代都由包头师范大学的王龙负责。第八卷清代下由武汉大学的王美英撰写。第九卷民国由北京大学的许欢撰写。第十卷图录,以及各卷索引,由我的几位硕博士生编写完成。

中国是个史学发达的国家,《中国阅读通史》的出版,既填补了阅读史研究领域的空白,同时,也与《中国藏书通史》《中国出版通史》鼎足而三,共同奠定了中国图书文化史的研究基石。阅读是一种文化现象,一个读者的阅读行为受外在与内在两个方面的影响,一个阅读群体的阅读行为同样也要受到政治、经济、文化、宗教、知识体系等环境因素的制约,同时表现出独特的群体特征。这是我们撰写《中国阅读通史》的基本观点,围绕这一观点,结合阅读史研究的资料和理论,我们将中国阅读史的研究框架分解为八个问题,分别是:阅读史研究的基础;理论研究;文本变迁与阅读;社会环境与教育对阅读的影响;社会意识与宗教对阅读的影响;学术、知识体系与阅读;中国阅读传统;个人阅读史。每个分卷的内容均是围绕这八个方面展开的。

"述往事,思来者",随着《中国阅读通史》正式与读者见面,我们关于中国阅读史的编撰计划暂时告一段落。值得欣慰的是,通过这部书的编写和出版,我们构建了"中国阅读史"的基本研究体系,吸引并培养起了一批年轻学者加入到阅读史研究领域。"十年种木,一年种谷,都付儿童",作为从物质与精神生活都极度匮乏的年代成长起来的一代人,我辈深知稼穑艰难、读书不易,所庆幸的唯有中国阅读史研究后继有人。《中国阅读通史》的出版,仅仅掀开了中国阅读史波澜壮阔画卷的一角,本领域尚有许多亟待开垦的处女地,包括我在内的所有研究者当以之自勉,任重而道远!

《中国阅读通史》出版访谈录

熊 静 整理

2017年底,北京大学王余光教授主编的十卷本《中国阅读通史》由安徽教育出版社正式推出。该书是我国阅读史研究领域的第一部通史著作,构建了中国阅读史研究的基本理论框架,梳理了自先秦至民国时期中国阅读史的发展阶段及每个阶段的主要特征,总结了各个时期阅读的精神和传统。本书的编纂历时13年之久,在此过程中,受到了许多关心阅读史研究的朋友的关注。值本书正式出版之际,本书主编王余光先生接受专访,就《中国阅读通史》的体例、基本内容、编纂过程、中国阅读史研究的理论体系、中国古代阅读传统及其现代价值等问题进行了阐释,借以答谢各界朋友多年来的关心帮助。

问:王教授,您好!首先要祝贺您新书正式出版。摆在我们面前的这套十卷本《中国阅读通史》十分厚重,可以想象您和作者在其中凝聚的心血。所以想请您先来为我们简单介绍一下这套书的基本情况?

答:好的,谢谢。这套十卷本的《中国阅读通史》,由安徽教育出版社出版,我担任了这部书的主编,同时也是第一卷的作者之一。2004年,我提出了《中国阅读通史》的编撰计划,得到了学界同仁的积极响应,一批来自南京大学、武汉大学、苏州大学等国内著名院校的同道参与其中,集体讨论了整套书的编撰大纲,并在随后的十余年中,分工负责各卷的撰写工作。可以说,《中国阅读通史》是一部集中了目前国内阅读史研究领域最富活力的一批中青年专家集体智慧的著作。经过十多年的努力,这套书现在已经正式出版了。全书共分为十卷,首卷为《理论卷》,由我和我的学生汪琴共同撰写,主要讨论了中国阅读史和阅读文化的研究范围和研究框架,政治、经济、文化、出版等相关因素对阅读的影响,以及中国阅读的传统和精神等理论问题。第二至九卷,按照阅读的时代特征,将中国阅读史划分为11个相对独立的阶段,探讨每一阶段内阅读的整体特征、环境因素对阅读的影响、阅读方法和理论的演进、各类阅读群体的阅读特征、代表性读书人物及其贡献等话题。其中,第二卷分为先秦编和秦汉编,由扬州大学的徐林祥、张立兵,和北京大学的张积分别撰写。第三卷魏晋南北朝和第七卷清代(上)由西南大学的何官峰撰写。第四卷分为隋唐五代和两宋两编,作者是苏州大学的黄镇伟。第五卷辽西夏金编和元编,第六卷明代都由包头师范大学的王龙负责。第八卷清代下由武汉大学的王美英撰写。第九卷民国由北京大学的许欢撰写。第十卷图录,以及各卷索引,由我的几位硕博士生参与编写完成。

-111-

应该说,《中国阅读通史》的编撰团队是一支在阅读史研究领域素有积累,同时也充满活力的队伍。在长达十余年的撰写过程中,作者们对本书始终保持了较高的投入度,一批年轻人也通过这套书的写作和出版成长起来了,中国阅读史研究后继有人,这是一件十分令人高兴的事情。当然,任何一种学术著作都不可能解决理论和实践中的全部问题,《中国阅读通史》仅仅是对我国丰富多彩的阅读文化和阅读历史进行的一次纵览式的回顾,许多具体的问题还需要学术界同仁继续探索,本书的疏漏之处也在所难免,借此机会也衷心地欢迎关心阅读史研究的朋友们对我们提出批评和建议。

问:谢谢王老师的介绍。刚才您提到,早在2004年时您就提出了编撰《中国阅读通史》的想法。我们都知道,中国是一个有着悠久阅读传统的国家,但在很长一段时间内,我们并不太重视对传统的继承,阅读成为一个受到社会广泛关注的话题也是近年来的新现象。那么,您对阅读史研究的兴趣是如何产生的呢?《中国阅读通史》的编撰缘起又是什么呢?

答:确实如您所说。我国的阅读传统虽然源远流长,但阅读重新受到社会各界的重视,不过是最近十来年的事情。我的专业是图书馆学,举一个我熟悉的图书馆界的例子。同样是在2004年,考虑到图书馆在传播知识、指导阅读方面的优势和责任,我向中国图书馆学会建议成立一个专门研究和推动图书馆阅读指导工作的专业委员会。中图学会采纳了我的意见,在2005年正式成立了第一届科普与阅读指导委员会,当时委员会下设的专业委员会只有5个。到了2009年第二届阅读推广委员会成立时,下设的专业委员会增至15个。再到去年第三届委员会成立,分委会已经扩充到21个,成员达到数百人,这21个分委会中就有经我提议特别设立的"阅读史研究专业委员会"。当下,阅读推广已经成为了图书馆的主要工作之一。这个例子充分说明了阅读受到重视程度的不断提高。我想这也是符合社会发展规律的,当经济发展到一定程度,人们的精力必然会转向对精神世界的关注。阅读自古以来就是中国人提高个人修养最有效,也是最直接的一条途径。古代的中国人尊重文本、热爱阅读,创造了辉煌灿烂的阅读文化,留下了丰富的阅读经验和阅读理论。这些宝贵的财富应当成为我们今天倡导阅读,重建书香家风的基础。我是一个读书人,同时也经历过无书可读的年代,所以特别能够理解人们对于知识的渴望,对于书籍、读书人的尊重和崇拜,阅读的魅力,经典的力量,需要有人去总结、去传承,这是我一直关注阅读研究、参与阅读推广活动的动因所在。

具体到编撰《中国阅读通史》的想法,最早源起于我和本书的副主编之一——徐雁先生合作主编的《中国读书大辞典》。1990年,我们为了编写这本辞典,收集了大量中国阅读史资料。1997年,我与几位同道选取了中国阅读史上重要的几种文献,加以注释、翻译,以《读书四观》之名出版。随后的几年里,我和学生合作编写了一些介绍古代阅读方法和理念的书籍,比如《把卷心醉》。并有大量经典导读类的丛书出版,如"读好书文库""书海导航""世纪阅读文库"等。这些编撰工作在社会上引起了一定的反响,让越来越多的人开始关注阅读。同时也为我们下一阶段提出《中国阅读通史》的编撰计划打下了良好的基础。2000年,我召集北京大学信息管理系部分师生展开了一场关于阅读史和阅读文化的研讨会,通过会上激烈的讨论,我们对中国阅读史的构建提出了一些初步设想。随着思考的深入,2001年我发表了《关于阅读史研究的几个问题》,提出了一个基本的中国阅读史研究框架。在这个过程中,我们结识了一批对读书、阅读史研究怀有热忱的同道,大家都感到了编写《中国阅读通史》的必要性和紧迫性。于是,2004年我正式提出了编撰多卷本《中国阅读通史》的想法,得到了安徽教育出版社的大力支持,同年11月我们在北京大学召开了第一次编撰会议,会议就《中国阅读通史》撰写的意义、内容、分卷大纲以及编撰过程中的学术规范和研究进程等方面的内容进行了讨论,最终在中国阅读通史内容体系的架构问题上达成了共识,明确了编撰主旨。综合与会学者的集体智慧,我在本次会议上提出了《中国阅读史撰写纲要》,确定了这套书的编写体例。随后十多年的工作,基本是围绕着我们最初的规划次第展开的。

问:从1990年前后开始关注阅读史资料,到2004年正式提出

《中国阅读通史》的编撰计划,再到2017年本书正式出版。时间跨度之长,足见编撰这样一部大部头作品耗费的精力之巨。那么,在这个过程中,您和作者团队遇到的最大困难是什么?又是如何克服的呢?

答:十卷本《中国阅读通史》今天能够正式与读者见面,其中的过程是十分艰辛曲折的。在2004年召开首次编撰会议时,我们与出版社商定的计划是在3到5年内正式出版,然而中国阅读史资料的丰富程度和编撰的难度大大超过了我们的预期,为了继续打磨书稿,初稿完成后,作者团队和出版社一起又经历了反复的修改、补充,以至于出版时间一再延后。借此机会,我也要代表全体作者,向本书的出版方——安徽教育出版社表示衷心的感谢,在这十余年的时间里,出版社给予了作者最大的支持和谅解。我想正是我们双方共同的打造精品的意愿,才让我们在这漫长的出版周期里始终保持愉快的合作关系。

具体到这套书编撰时遇到的问题,我想首先不得不回顾我国阅读史的研究现状。阅读史研究不论在中国还是西方,都是一个新兴学科。20世纪80年代前后,随着西方书籍史研究的迅速展开,结合读者反应理论等接受美学和阐释学的新思潮,一个新的研究领域——阅读史——应运而生。在随后的几十年里,西方阅读史从理论到实践都取得了不容小觑的成绩,国际阅读协会(IRA)下专门分设了"阅读史研究小组",相关的论著也层出不穷,不少已经成为阅读史研究的典范之作,比如著名学者古里耶默·加瓦罗和罗杰·沙迪尔主编的《西方阅读史》等。特别是在2002年,商务印书馆将加拿大作家阿尔维托·曼古埃尔的《阅读史》翻译成中文出版,在国内引起了很大的反响。该书虽然不是严格意义上的学术著作,但文笔生动流畅,是对中国读者的一次西方阅读史历程和西方阅读文化的知识普及,也极大地激发了学界同仁对阅读史研究的兴趣。相比于西方,我国的阅读史研究起步较晚,虽然我们前期已经做了大量资料整理、集结的工作,也有一些单篇文章发表,但系统研究一直没有展开。作为一个有着优良阅读传统的国家,却没有一部梳理本国阅读史的学术专著出现,这不能不说是一种遗憾。因此,编撰《中国阅读通史》,填补此项空白,是我们这辈学者的责任,也是我们坚持这件工作的动力所在。

那么困难也就随之而来了。首先,中国阅读史资料十分丰富,而且大部分是分散在各种史籍、个人著作中的单篇文章,需要耗费大量精力完成基本资料的蒐集和整理工作。其次,阅读是一种个人行为,更是一种社会文化现象,作为一种文化现象的阅读,涉及面十分广泛,每一时代的政治、经济、文化出版事业、藏书事业,乃至社会思潮的变迁都会在阅读史上留下深刻的烙印。如何把握诸因素之间的关联? 追寻每个时代阅读变迁的内因? 需要我们开拓视野,回到历史现场,从千丝万缕的史实中钩沉索隐,这对作者是非常大的挑战。再次,撰写《中国阅读通史》首先需要明确的是中国阅读史的边界,即中国阅读史的研究内容、研究框架的内涵和外延分别是什么?然而,由于我国的阅读史研究刚刚起步,可资借鉴的成果还不多,上面提到的许多问题迄今仍无定论,这就需要我们的作者一边收集原始资料,同时在梳理资料的过程中,逐步建立完善中国阅读史的研究体系。我想这是我们这套书直到今天才正式与读者见面的最主要原因。

古往今来,大凡通史类著作,贯通古今,资料繁复,都需要大量的投入。当然,我们不敢自比前圣先贤,但近现代学术建制的最大优势在于协同合作,我们以团队的力量,集体的智慧,集中了一批在阅读史领域有一定积累的中青年专家学者,克服了编撰过程中的重重困难,终于将这部《中国阅读通史》呈现在世人面前。万事开头难,作为中国阅读史研究领域的第一部通史著作,我们关于中国阅读史研究体系的构建还很不成熟,对历史进程的叙述也难免疏漏之处。但在编撰过程中,我们始终严守学术规范,坚持从第一手材料出发,在资料掌握程度方面超越了前人,同时在史料梳理的基础上,对中国阅读史的研究框架,各阶段阅读特征和成因提出了自己的看法。如能对我国阅读史研究稍有促进,应当就是我们所做工作的价值和意义所在了。

问:在您的介绍中,反复提到了阅读是一种社会文化现象,《中国阅读通史》理论体系和研究框架的建构也是围绕着这一基本思路展开的。我十分认同您的这个观点,一个人阅读行为和习惯的形成受到成长环境的影响；一个国家、一个民族的阅读传统同样也是由诸多因素共同造就的。那么，您能更加详细地为我们阐释一下这个观点吗？比如影响某一时期阅读行为的具体因素有哪些？我们又应该如何围绕着这些因素勾勒中国阅读史的长卷呢？

答：关于这个问题，在我之前发表的一些论文中有比较详细的阐述，比如《中国阅读史论》《中国阅读史研究纲要》《西方阅读史研究述评和中国阅读史研究的新进展》等。概括来说，影响阅读的因素可分为两大类：一类是社会环境与教育因素，包括经济条件；出版业的发展状况；书籍流传、收藏；个人受教育程度和社会教育普及程度；人们的认识水平和能力（比如推荐书目）等。一类是社会意识和宗教因素，包括政治意识、国家文化政策；群体意识；禁书政策；宗教信仰等。这些因素对某一时期内阅读行为时代性和区域性特征的形成具有极为重要的作用。所以在研究阅读史的过程中，我们不仅要关注阅读行为、阅读思想与理论本身，同时也要关注这些环境因素，厘清它们与阅读史发展之间的相互关系。

因此，在讨论《中国阅读通史》的撰写纲要时，我们将中国阅读史的全部内容分解为八个问题：第一是阅读史研究的基础，主要是基本资料的集结，包括历代典籍对阅读行为、读书人物的记载；历代学人论读书、读书方法、读书价值等的各种史料。第二是阅读史的理论研究体系,包括中外阅读史研究的最新进展,中国阅读史的研究内容和研究方法,中国阅读文化发展的阶段性和区域性特征,中国阅读史的整体发展脉络等。第三和第四个问题分别讨论社会环境和教育、社会意识与宗教对阅读的影响。第五为文本变迁和阅读,第六为学术、知识体系与阅读,通过现象透析每一时期阅读的变化。第七总结中国阅读的传统,将现象上升到理论的高度,同时梳理中国历代阅读方法、思想和理论的发展历程。第八为个人阅读史,中国阅读史是由每个独立的人的阅读行为共同构成的,每一时期都有代表性的读书人物,古代读书之风盛行,还涌现了许多世代相传的书香世家,中国古代阅读的方法和理论,大部分也是由这些代表性人物贡献的。关注个人阅读史,既有个案研究的深度,同时也具有较强的典型性。上述八个方面的总和,构成了中国阅读史的知识体系,我们的撰写工作也是从这几个问题展开的。

问:通过您的介绍,我相信读者朋友们已经能够比较清晰地了解到《中国阅读通史》的整体思路和主要内容。我们研究历史,最终的目的是为了继承和发扬优秀传统文化,阅读传统当然也是其中重要的组成部分。《中国阅读通史》的撰写很好地体现了这一点。现在这套书刚刚出版,大部分的读者还不能一睹全貌。所以能否请您先简单地为读者朋友们总结一下中国阅读的传统有哪些?

答:关于中国阅读的传统,其实已经有很多学者进行过总结。中国阅读的历史十分悠久,任何概括恐怕都无法穷尽中国阅读的全部特征。在这里我只能简单谈谈我自己的看法。

首先,中国阅读传统的一个重要内容,是阅读的思想和方法。比如强调读书为学的首要意义是修身宏道,追求崇高的道德境界。再如读书须求广博,为学须求通达,读书为学要"思""习""行"相结合等。其次,阅读的目的和动力有着强烈的现实需求,"学而优则仕"就是这种思想的典型。再次是勤学苦读,中国阅读史上此类事例层出不穷,影响了一代代读书人奋发进取。第四是对文本的尊重,对知识的崇敬,对书籍的爱护。第五是重视书籍的力量和象征意义,古人爱惜书籍,不仅因为图书价格高昂,更加看重的是书或读书的象征意义,从某种程度上来看,它体现了一个人的地位、权利和特征。读书会使一个人更有教养,即使不会,它也使一个人看起来有教养。这也是古代社会重视书香家风的根本原因。

问:在您总结的中国阅读传统中,"学而优则仕"也是很具代表性的一个特征。中国古代阅读的功利性,历来就是备受学者诟病的一点,甚至影响到了我们对中国古代阅读传统的整体评价,对此您是如何看待的呢?

答:您提出的这个问题,也是我在长期的教学和经典阅读推广实践中经常遇到的。毋庸讳言,阅读的功利性,或者说读书为求仕宦的思想在我国古代读书人中间是非常普遍的。对于部分士子来说，以读书为踏脚石，追求高官厚禄，就是其阅读的根本动力。对此，我想应当分两个方面来看待。首先，读书本身就是同时兼具现实价值和思想价值的。时至今日，我们仍然不能避免带有强烈现实目的的阅读，那么更没有理由去苛责古人。今天我们强调要快乐的阅读，不带功利目的的阅读，这是文化昌明、社会进步的结果。我们要珍惜今天的阅读环境，也应该更加宽容地看待历史。同时，否定阅读的功利性，不等于否定阅读的工具性。我在面向青少年的经典阅读讲座中多次向家长推荐，从小学阶段开始，要熟读甚至记诵《唐诗三百首》《古文观止》等经典启蒙读物。人的认识和思维能力是随着年龄增长而不断进步的，在青少年时期，过分强调阅读内容的思想性其实是对孩子阅读兴趣的伤害。这一阶段的阅读，工具性目的应当占据主导，通过记诵培养阅读习惯、提高语言和写作能力就足够了。另一个方面，"学而优则仕"的思想在古代十分普遍，但并不是所有读书人都将其作为读书的终极目的。仍有大量有识之士，能够正确认识典籍的价值、读书人的社会责任，比如北宋司马光就曾在回复一位年轻士子的信中说："士之读书岂专为禄利而已哉？求得位而行其道以利斯民也。"这种跨越时代的胸怀，以天下为己任的使命感，难道不是值得今天的人们钦佩并继承的吗？

问：近年来，关于阅读的话题受到了社会各界的广泛关注，

"倡导全民阅读,建设书香社会"被写进了政府工作报告,习近平总书记也在不同场合多次提出弘扬和继承传统文化的命题。您在前面也曾经提到,阅读推广已经成为了图书馆工作的重中之重。学术研究的最终目的是关照现实世界。那么,您认为阅读史研究在其中可以发挥哪些作用呢?

答:我想这个问题的实质就是阅读史研究的意义。首先,弘扬和继承传统文化的前提是界定传统文化的内涵,领悟传统文化的精髓。如果缺少对传统文化的研究,我们所谓的继承将成为无本之木,无水之源。传承优秀传统文化不是靠空洞的口号,而是依赖于今天的中国人对传统的理解和认同。中华民族有着悠久灿烂的传统文化,这些文化因子是靠历史上一个个鲜活的人物,一件件感人的事件共同串联起来的。《中国阅读通史》所填补的不仅仅是学术上的空白,更是我们对中国优秀阅读传统的想象空间。通过对中国阅读历史和传统的具象展示,让今天的中国人能够回到历史现场,感受自身文化基因的生成过程,形成并巩固文化认同,才是继承传统文化的根本途径。其次,阅读史研究也可为阅读推广工作提供方法和理论方面的借鉴。古代的许多阅读方法,经过了历史的考验,许多在今天仍有现实价值。比如诵读法、抄写法等,我们对其进行概括总结,将其符合现代社会需要的部分提取出来,可以直接应用到阅读推广工作的实践中去。第三,人类对阅读历史的考察,不仅是一项学术活动,同时也是对现实阅读状况的历史反思。怎样认识阅读的本质、阅读传统和阅读文化以及未来的阅读发展趋势？不同的时代有不同的答案。抚今追昔，才能促使我们更加深入地思考，解决当前全民阅读社会建设中出现的现实问题，建立时代的阅读文化。

问：最后一个问题，您刚才也已经提到，中国阅读史是一个宏大的研究论题，《中国阅读通史》的出版代表着一个阶段的结束，同时也将是新的研究阶段的开始。那么，能向读者朋友们介绍一下您下一步的研究计划吗？

答：历经了13年的时间，《中国阅读通史》终于正式出版了。作为作者代表，我的心情是十分喜悦的。但正如您所说，《中国阅读通史》并不能解决阅读史研究中的全部问题，通过这部书，我们也希望抛砖引玉，引起更多同仁对阅读史研究的兴趣，共同促进中国阅读史学科体系的完善。我想至少还有以下几个方面的工作需要我们继续努力：首先是阅读史史料的整理和出版。在这方面我们虽然已经做了一些工作，但还没有一部大部头的，较为完整地收集历代阅读史料的史料丛刊出现，这是令人遗憾的，而这项工作是阅读史研究的基础，应当引起我们的重视。其次是区域阅读史和民族阅读史的研究。我国自古是一个统一的多民族国家，幅员辽阔，各个区域和民族的阅读历史都有其突出的特征，它们合在一起又构成了我国共同的阅读传统。《中国阅读通史》对此已经有所关注，但限于体例，无法展开来论述。这也需要民族史和区域史研究专家的积极参与。第三,女性阅读史、通俗阅读史、个人阅读史等各种专题研究。抓住一点,展开个案研究,总结某类型阅读群体,或者某类阅读行为的特征,将阅读史研究推向深入。最后,也衷心地希望越来越多的学者,特别是青年学者能够加入阅读史的研究,为弘扬优秀传统文化、建设书香社会贡献一份力量。

中国阅读史理论体系的建构
——写在《中国阅读通史》出版之后

熊 静

北京大学信息管理系王余光教授主编的十卷本《中国阅读通史》由安徽教育出版社正式出版。自2004年《中国阅读通史》编撰计划提出,到2018初正式与读者见面,整整用了13个年的时间。笔者作为本书副主编之一,负责全书的统稿和部分章节的撰写工作。在本文中,笔者将代表编撰团队重点阐释《中国阅读通史》提出的阅读史理论体系的主要内容,在总结中国古代阅读传统的基础上,提出未来阅读史研究的五个主要方向。

1《中国阅读通史》的编撰情况及主要内容

《中国阅读通史》共分十卷。第一卷《理论卷》,集中讨论阅读史研究中的理论问题,具体包括:中外阅读史研究进展,中国阅读史与阅读文化的研究内容,阅读史与阅读文化的民族、时代、区域特征,文本变迁、社会环境与教育、社会意识与宗教、学术变迁等因素与阅读活动之间的相互影响,并从宏观角度对我国悠久的阅读文化与传统进行了提炼和总结。第十卷为《图录卷》,辑录历朝历代具有代表性的与阅读活动相关的图画资料,包括人物图像、书影、书法画作等艺术作品、藏书楼和图书馆图片等,并附文字说明。第二至九卷基本遵循历史分期,梳理阅读史的发展脉络和各阶段的主要特征,将中国阅读史划分为11个相对独立的阶段,具体分期如下:先秦、秦汉(第二卷);魏晋南北朝(第三卷);隋唐五代、两宋(第四卷);夏辽金、元(第五卷);明(第六卷);清代上(第七卷);清代下(第八卷);民国(第九卷)。每一阶段均独立成编,讨论的话题包括:政治、经济、文化、出版、藏书事业等对阅读的影响;本阶段内阅读活动的总体特征;各类型读者群体及其阅读特征;阅读方法和理论的发展;代表性读书人物及其贡献;阅读的区域性、民族性特征等。本书的作者,除王余光教授外,集中了一批来自北京大学、武汉大学等全国著名院校在阅读史研究领域有一定积累的中青年专家。经过作者们的共同努力,历时13年终毕其功,《中国阅读通史》也成为了我国阅读史研究领域的第一部通史著作。

《中国阅读通史》的编撰计划最早提出于2004年,在此之前,以王余光教授为首的科研团队已在中国阅读史和阅读文化研究领域做了大量的准备工作。史料收集和整理方面,有《中国读书大辞典》(1990)、《读书四观》(1997)、《把卷心醉》(1997)等,将中国历代有关读书的典故、古训分门别类汇集成编,为后续研究提供了基本的资料支撑。经典导读和推荐书目研究方面,有"读好书文库"(1999)、"书海导航"(2000)、"世纪阅读文库"(2001)等，从文本出发，讨论经典的形成、阅读等问题。特别是《读好书文库》的开卷之作《名著的选择》，在对中外推荐书目进行梳理统计的基础上，从理论角度阐释了阅读的价值及人群阅读倾向形成的原因。代表人物阅读活动和经验的总结，有"中国名人读书生涯"(1997)丛书十种，为建立个人阅读史研究范式积累了经验。中外阅读史研究进展和中国阅读史研究体系探索，有《关于阅读史研究的几个问题》(2001)、《中国阅读史论》(2001)等单篇文章，充分论述了中国阅读史研究的必要性，并初步界定了本领域的主要论题。上述工作为中国阅读史和阅读文化研究的全面展开，打下了良好的基础。在此过程中，一批对读书、阅读史研究怀有热忱的同道，同时感到了编撰中国阅读通史，建立中国阅读史研究理论体系的必要性和紧迫性。于是，《中国阅读通史》的编撰计划被适时提出了。

2004年11月，在北京大学召开了首次编撰工作会议，就《中国阅读通史》撰写的意义、主要内容、学术规范等问题进行了广泛深入的研讨，综合考虑阅读活动的阶段、地域特征，确定了中国阅读史的历史分期，以此为依据划分分卷，并讨论通过了王余光教授提出的"中国阅读通史撰写纲要"，在中国阅读史研究体系的架构等基本问题上达成了共识。会后，各卷作者按照编撰工作会议的精神，分工完成了资料搜集与初稿的撰写。十余年间，我们掌握的研究资料越来越丰富,对于阅读活动本质的认识也愈发深入,一些在编撰计划启动之初尚未兴起的论题和研究领域逐渐进入了我们的视野,如在阅读理论方面,增加了对社会阅读、阅读疗法的研究和论述。在阅读史的各分期内,重视对代表性阅读著作及思想理论的系统梳理;加强了对特定人群阅读行为及特征的关注,如女性、少数民族读者等。应当说,随着编撰工作的逐步推进,我们对于中国阅读史理论体系的探索也在不断完善,总的说来,虽然有内容上的丰富,"撰写纲要"提出的理论框架基本能够满足中国阅读史研究的需要,既囊括了目前阅读史研究领域的既有论题,也具有一定的延展性。今天,《中国阅读通史》已经正式出版,等待着读者的检验,在此,我们愿将编撰过程中对于中国阅读史理论体系构建的探索经验分享给读者,求教于方家,希望能够对中国阅读史研究的体系化、学科化产生积极影响。

2 构建中国阅读史理论体系的探索

谈到中国阅读史,我们最常用的一句话就是:中国是一个拥有五千年阅读传统的文明古国。诚然,中国的阅读历史悠久,史料丰富,记事详赡,但是古代并没有专门研究阅读的学科分支,即使在西方,阅读史研究也是在20世纪80年代前后才兴起的一个新兴领域。中国古代的阅读史料,大量分散于史志、书目、文人著作之中,如何组织这些材料,展现中国阅读史的独特魅力?在我们提出编撰《中国阅读通史》的计划时,相关研究几乎是一片空白。因此,如何构建中国阅读史的理论框架? 如何界定中国阅读史的研究内容? 是我们首先需要解决的问题。

阅读史研究在中国方兴未艾,但在西方已有数十年的积累,对西方阅读史研究状况的梳理,有助于解决我们遇到的问题。阅读史,是20世纪80年代前后,在西方书籍史研究的基础上,融合了美学中的读者反应理论而兴起的一个研究领域[1]。从20世纪中后期至今,西方阅读史研究在理论和实践上都取得了令人瞩目的成绩,已经形成了相对成熟的学科理论和研究体系。

读者反应(或接受)理论认为,文本的解读,并不仅仅局限于"文本之中的孤立的事实,而是必须依据读者的阅读才能实现其效应的动态过程",所以应当把注意力从文本本身转移到"读者和反应上来"[2]。西方阅读史诞生之初,深受该理论的影响,许多读者反应理论的核心概念都被引入到阅读史研究中来,如"阐释团体(interpretive communities)""阅读人口(Readership)"等,被广泛地应用于阅读行为和现象的解释。比如,法国著名书籍史、阅读史学家罗杰·夏蒂埃(Roger Chartier)就认为文本的意义需要由人来阐释,而阐释团体"是一个分享共同阅读风格和可辨认的诠释策略的读者群"[3]。罗伯特·休莫(Robert Hume)则倡导调查"具有历史意义的读者反应群体",只有这样才能真正理解"文本"是什么和阅读作为一种历史力量的意义[4]。阅读人口的研究则重视拥有共同阅读习惯的人群数量、构成及阅读情况的综合,大量采用计量的方法,去解决人们何时、何地,以及如何阅读的问题。

在这种学科背景下,西方阅读史形成了以读者为中心的研究思路。在西方阅读史理论奠基之作《迈向阅读史的第一步》(First Steps Toward a History of Reading,又译为《阅读史初探》)中,罗伯特·达恩顿(Robert Darnton)将阅读史研究内容归纳为:"外部的阅读史"(external history of reading)和"内部的阅读史"(inner dimension of reading history)两大类。前者关心"谁阅读""在何处阅读""阅读什么""什么时候阅读"等外部活动所表现出的形态,后者则是关于"如何阅读"以及"为何阅读"的问题。前者的解决有赖于文献资料的收集整理,通过两种研究方法来实现:其一是利用大规模书目进行系统分析和阐释的宏观研究;其二偏重对"私人图书馆、个人财产登记和购书登记、图书馆的借阅登记簿"等微观维度上的考察。至于后者,由于涉及到读者消化文字的心理过程,目前并没有特别有效的办法。对此达恩顿提出了五个可能的研究维度,包括对于过去人们阅读理念的假定,普通民众的阅读活动,代表人物的个案研究,利用文学理论解构阅读过程,从更宏观的层次利用书目分析学的成果等。[5]西方阅读史的另一经典著作——由著名学者古里耶默·加瓦罗(Guglielmo Cavallo)和罗杰·夏蒂埃主编的《西方阅读史》(1999),讨论的话题包括:书和阅读与各时期文化、政治、公众意识等因素之间是如何互相影响的;阅读方法与文本载体形态的时代变迁及其特征;阅读形态的演进;阅读人群的发展和演变等[6]。

应当说,西方阅读史研究的理论和实践成果,为我们确定《中国阅读通史》的体例和编撰大纲起到了重要的借鉴作用,特别是其以读者为中心的研究思路,对于中国学者颇有启发。但是,中西方的阅读传统从文化根源的角度来说是迥然不同的,一些涉及东方阅读传统的西方阅读史著作,由于文化上的隔膜,资料上的不足,在阐释中国阅读史上的相关问题时总是令人感到隔靴搔痒,有浮光掠影之嫌。这既是我们撰写《中国阅读通史》的动因,同时也促使我们思考中国阅读史理论体系的构建。

我们认为,"阅读是阅读主体(读者)与文本(可以是一本书,也可以是整个宇宙)相互影响的过程,是阅读主体实践活动与精神活动的一种体现"[7]。同时,阅读不仅是个人的行为,更是人类文明的重要组成部分,是文化保存与传播的首要途径,是一种普遍的文化现象。过去的研究,重视读者个体的阅读活动,注意力集中在读者与文本之间的交流互动,读者对文本的阐释,对阅读原理的分析等层面,而较少将之视为一种文化现象,"置于社会历史的整体环境中综合考察,未能从宏观上揭示阅读的文化内涵和文化意义"[8]。从阅读文化的角度来看,其结构可以分为三个层次:①功能与价值层面,揭示阅读文化的精神内核,包括阅读的目的、阅读的功能,阅读者对于阅读的观念等。②社会意识和时尚层面,研究各种社会因素与阅读活动之间的交互影响,如政治意识、群体意识、禁书、时尚等。③环境和教育层面,阐释阅读文化产生的物质基础对其的影响,如经济发展、藏书事业、出版事业、教育环境等[9]。上述这些方面,同时包括了影响读者阅读的内外因素,它们的总和及时代变迁,就能较为清晰地展示中国阅读史的历史进程,也能为构建中国阅读史研究的理论体系奠定基础。

3 中国阅读史研究的理论体系

吸收中外阅读史研究最新进展,立足于对中国阅读史资料的挖掘,综合考虑影响读者阅读的各种因素,我们建立了一套社会文化视野下的中国阅读史研究体系,将中国阅读史的研究内容归纳为三个方面,涉及八个主要问题。

(1)学科基础和理论研究

阅读史研究的基础。即阅读史研究资料库的收集与建设,包括关于阅读的各种历史记载;历代学人论读书、读书方法、读书价值等的史料。需要特别指出的是,除了文献资料,在阅读活动过程中产生的实物,如藏书楼;艺术资料,如读书画、雕刻;民俗资料,如年画、民俗习惯等,过去受到的关注较少,但从文化研究的角度来看均有其独特的价值,应当被纳入到学科基础中来。因此,我们在《中国阅读通史》中特别设立了《图录卷》,借以展现中国阅读文化的丰富性与多样性。

阅读史的基础理论。包括:国内外阅读史研究的进展,中国阅读史研究内容、方法、意义,阅读文化的阶段性、区域性特征等。

基础理论主要勾勒阅读史研究的框架,界定研究对象,明确研究内容,并从宏观角度梳理中国阅读史的发展脉络、历史分期和每一阶段的主要特征,阐释影响阅读行为的内外因素及其影响力的表现形态。

(2)影响阅读的外在因素

文本变迁与阅读。讨论文字演变、文本载体形态和制作方式的变革对阅读的影响。以文本变迁为标志,20世纪中叶以前的中国阅读史有三次明显的转型期,分别为纸简替代、雕版印刷术普及、机器印刷术传入。载体形态和书籍生产、制作方式的变革,促进了文献的激增,在给阅读带来便利的同时,也对阅读行为产生了深远的影响,如阅读的"泛化"、通俗阅读的兴起等。文本是阅读的对象,文本变迁对于阅读的影响是立竿见影的,所以应当成为阅读史研究的首要对象。

学术、知识体系与阅读。通过分析历代书目、文本释义学(主要是经学)、工具书、推荐书目的发展,考察知识体系的构成、变迁,阐释阅读的变化。理解或者阐释文本是阅读的目的,而这一目标的达成依赖于阅读者的知识体系。可以说,知识体系限制着人们的阅读能力和理解能力。比如我国古代图书分类从"七略"到"四部"的变革,在历代书目中的直观表现为图书数量和种类的变化,其本质则反映了古代学术之升降,子书减少,地位降低,儒学兴盛,成为主流思想。同样的文本,对于身处不同时代的读者,在文本价值和思想内涵认识上的差异几乎是难以避免的。中国古代经学发达,历代对于经典的阐释和演绎,是人们理解文本的工具,也制约着人们的阅读行为。

社会环境与教育对阅读的影响。重点研究社会经济、出版业、藏书事业、教育活动与阅读活动之间的关系。阅读是人们的个体行为,但也无法脱离社会环境而独立存在。社会环境因素既为阅读活动提供保障,同时也限定了阅读活动的边界。以经济条件为例,中国古代阅读南北区域差异明显,江南地区藏书、读书之风盛行,北方相对逊色,江南地区经济条件优越,有更多的家庭可以负担子弟读书的费用,就是其中十分关键的因素。考察影响阅读的社会环境,实际上是在描绘阅读文化赖以形成的社会基础与条件。

社会意识、宗教与阅读。相关因素有:政治意识、国家文化政策、禁书政策、群体意识、宗教信仰等。社会意识一般包括两个层面,社会心理与社会意识形态,体现了人们对于社会存在的精神反映。阅读是一种社会文化活动,不可避免地受到社会意识的影响。以古代国家文化政策为例,自汉武帝实行"罢黜百家、独尊儒术",历代统治者都将儒家学说视为正统,因此形成了以先秦儒家典籍为核心的"重圣尊经"的阅读思想。到了元明清时期,程朱理学是官方认可的主流意识形态,科举考试也以其为依据,伦理教化便成为了当时阅读活动的主流。再如统治者对于宗教的态度,直接影响了宗教典籍阅读活动的兴衰,辽金西夏、元时期,少数民族统治者崇信佛教,一时间宗教书籍的刊刻和阅读蔚然成风,成为了这一阶段阅读史的标志。

(3)影响阅读的内在因素

个人及群体阅读史。阅读研究,归根结底要落到读者与文本的互动中去,谁在阅读、如何阅读、阅读的内容、阅读的场所等问题,共同构成了影响阅读的内在因素。从阅读主体的角度界定,可以分解为个人和群体阅读行为的研究。以代表性读书人物、书香世家、阅读群体为点,挖掘阅读行为的内在动力,讨论中国人的阅读习惯、对阅读环境营造的独特审美、阅读情趣和心理特征,展现东方阅读文化的独特魅力。如果说,外在因素对阅读的影响是间接的、宏观的,那么内在因素对阅读的影响则是直接的、具体的,个体的阅读行为可从其读书经历与思想、阅读的习惯等方面寻找切入点,研究资料包括且不限于其藏书目录、读书心得、朋辈交游资料等。对阅读群体的研究,则是对一群有相同阅读行为模式,分享共同的文本阐释策略的人群展开的专题研究,重点揭示某一群体共同的阅读特征及其形成的原因。

中国的阅读传统。将阅读现象精炼为理论,同时梳理历代阅读方法、思想和理论的发展。阅读的传统,反映的是某一区域内人们对于阅读的认识,在一定程度上回答了人们为何阅读和如何读的问题。中国的阅读传统,展现的是中华民族对于阅读的独特认知,除了现象的描述,对阅读传统的揭示,其重点在于明晰在中国独有的社会文化背景下,阅读活动与文化形成的内外机理,及其对民族文化建构、社会历史发展之反哺。

《中国阅读通史》分卷的写作就是围绕着上述方面展开的,由这些方面展现的阅读现象和阅读行为,结合每一时期阅读文化表现出的时代性、区域性和民族性特征,就是我们所期望构建的中国阅读史研究体系。需要说明的是,上述影响阅读活动的内外因素并不是孤立存在的,而是统一于时代背景之下,只是在不同的历史阶段,某些因素会体现的更为突出,比如魏晋南北朝时期,谈玄之风盛行,阅读活动更多地受到这种社会时尚的影响。两宋以后,常被时人诟病的读书"苟简"之弊,则与科举考试制度的完善、雕版印刷术的成熟与普及关系密切。我们在构建中国阅读史的研究体系时,为了保证研究视角的多样性,采用了庖丁解牛的做法,将影响阅读活动的内外因素一一剥离,最终总结归纳为上述几个方面。但当我们完成"局部解剖"的工作后,仍需应用"系统"的思想,将某一时期的阅读活动作为独立的研究对象,厘清各影响因素间的主次关系和互相关联,以期对阅读现象与人群的描述能够尽可能地接近"历史现场"。

4 凝练中国阅读的传统和精神

阅读是一种文化现象,随着时代而变迁;同时,阅读又是文化的延续和传承,经典常存就是其反映。可以说,"一部阅读史,正是在这种变迁与永恒的矛盾中展开的"[10]。阅读的时代性,勾勒出阅读史的波澜壮阔、起伏动人;经典的永恒,凝练出中国阅读不变的传统和精神。

今天,我们前所未有地重视对中华优秀传统文化的继承和弘扬,习近平总书记在不同场合多次提出有关传统文化的命题。什么是传统文化?哪些属于优秀传统文化?回答这些问题,是学术界的共同责任。传承优秀传统文化,不是一句空洞的口号,它的实现有赖于今天的中国人对传统的理解和认同。而理解和认同的基础是对传统文化内涵的清晰界定和具象展示。这是包括阅读史在内的一切历史研究的现实价值。我们常说,中国有着悠久的阅读传统,属于中华优秀传统文化的重要组成部分。那么,中国的阅读传统有哪些?又是如何通过阅读活动展现的?如果说,我们建立阅读史研究框架,是为了梳理中国阅读的历史进程,完善阅读史学的知识体系,那么,上面两点则是通过《中国阅读通史》所要解决的根本问题,这既是学术关照现实的要求,也是书香社会建设的内在需求。

在《中国阅读通史》的各卷中,我们都用大量篇幅对阅读传统进行详细阐释。概括来说,我们认为中国的阅读传统包含了多个层面的内容。

(1)阅读价值观。强调读书为学的意义在于求知、修身、怡情;同时阅读的目的和动力带有强烈的现实需求,"学而优则仕"

是其突出表现;在阅读内容和方法上,以儒家经典及其阐释为中心。

(2)传统阅读方法。对阅读方法和理论的钻研,是中国阅读史上非常具有特色的一个方面。比如读书以识字为先(重视小学);讲究博约结合,循序渐进;读书方法上强调读、思、习、行结合;并发展出较为完善的抄写、诵读等具体方法。

(3)阅读精神。这是中国阅读史上最感人的篇章。读书以立志为先,勤学苦读,学贵以专,虚心涵泳,一串串名言背后凝聚的是阅读史上一个个动人的故事。今天我们提倡快乐的阅读,但是这种持之以恒,坚持不懈的阅读精神,对营造书香氛围,提升阅读风气仍有积极意义。

(4)古代读书人的文化情怀。对于古人来说,书籍的价值不仅在于版本珍贵,更在于其中蕴含的象征意义。读书让人有教养,体现了一个人的地位、权力或特征。古代读书人尊重文本,嗜书如命,精心营造阅读环境,不仅出于对知识的崇敬,更是灵魂深处的精神追求。

(5)热爱藏书。中国古代重视家庭教育,读书是其中最重要的部分。耕读传家、书香继世,受到人们的普遍尊重。与此相应的就是中国古代藏书文化的发达,藏书大家层出不穷,也是古代书香家风的一个极佳的佐证。

这是我们通过对史料的整理和挖掘,得出的一些基本结论。

中国的阅读传统源远流长,内容丰富,任何形之于文字的总结可能都是不够全面的。上述观点,仅是我们根据中国阅读史的研究框架,结合史实、史料,做出的一些总结,不当之处诚请就教于方家。需要特别说明的是,传统是一个中性词,是对历史上存在且具有长期延续性的现象、精神的客观陈述。随着时间推移,必然有一些传统已经不符合时代发展的要求,而那些经过历史考验,仍能激励今天人们的行为,获得广泛心理认同的传统,才是中华民族优秀传统文化的组成部分。阅读传统也是如此,比如上述"学而优则仕"的思想,是中国古代阅读文化中最为人诟病的一点。阅读本身就带有工具属性,任何时代,人们对阅读的现实需求都是无法避免的,今天我们仍要通过读书参加高考才能升入理想的大学就是一例。把读书做官当作人生的终极追求固然狭隘,但同时也应看到,古代许多胸怀天下的读书人早已清醒地认识到读书与仕宦之间的关系,"士之读书者,岂专为禄利而已哉?求得位而行其道以利斯民也"[11],这种以天下为己任的气魄,在"精致的利己主义"盛行的今天,难道不值得我们大力提倡吗?阅读史研究的价值也正在于此,在客观梳理史实的基础上,凝练出适应社会发展,值得继承弘扬的优良传统和精神,服务于全民阅读和书香社会建设。

5 阅读史研究的未来方向

上面我们介绍了《中国阅读通史》的编撰过程和主要内容,本书的撰写和出版,是我们为中国阅读史研究理论体系的构建做出的一点努力。我们将阅读作为一种社会文化现象,关注内外因素对阅读活动的影响,在梳理史实的基础上,总结中国阅读的传统和精神。然而,中国阅读的历史是丰富多彩的,本书并不能解决中国阅读史研究中的全部问题,并且由于论题宏大,资料浩繁,限于作者的精力和认识水平,本书仍然存在着不少缺陷。首先,本书采用了项目制分工协作的写作模式,书成于众人之手,虽然后期编委会投入了大量精力统一全书体例,核实观点、材料,但仍有不少错误疏漏之处,且各卷之间的篇幅比例亦不尽合理。其次,在勾勒阅读史发展脉络时,本书偏向于对现象的描述和基本史实的梳理,而对这些现象、史实背后文化内涵的分析与揭示还不够深入。第三,在研究视角上,更注重对宏观、群体特征的把握,而对微观的、个人的阅读行为关注度不足。

当然,《中国阅读通史》只是中国阅读史研究的一个阶段坐标,本书提出的和尚未解决的问题,有赖于包括本书作者在内的后来者继续为之努力。在此仅就我们的编撰经验,提出几点对中国阅读史研究的未来展望。

(1)基础史料的整理与出版。资料是研究的基础,虽然在《中国阅读通史》撰写过程中,我们已经收集和整理了一部分,但相对于汗牛充栋的史料数量来说,我们做的还十分有限。中国阅读史的史料十分分散,收集和整理的难度都很大,建设中国阅读史研究基本资料库,是阅读史研究者的共同责任。完成此项工作的基础在于对阅读史史料类型和范围的界定,从广义上说,一切文本均属阅读史研究之资料。在阅读史研究领域,过去较受学界重视的史料主要集中在读书观念和读书方法方面,比如民国时期推出的《古今名人读书法》,近人辑录的《古代阅读论》等。反观西方阅读史,其在研究资料的视野上要宽阔的多。中国古代史籍浩瀚无垠,其中的大部分资料是许多学科共同的研究对象,对于中国阅读史研究的基础资料建设来说,首先应当拓宽视野,从学理上解决资料类别、收集范围的问题,其次则要充分吸收相邻学科的最新进展,利用编目、文献辑录等方法,不断丰富资料库的内容,为学科发展奠定坚实基础。

(2)阅读史研究方法论。阅读史是一个新兴的研究领域,回顾西方阅读史研究发展历程可以发现,其基本取向是在新文化史思潮框架下的搭建的一种社会文化史或者心态史研究,建立在对西方史学传统批判之继承基础上。上世纪80年代以来,丰硕的研究成果证明了这种思路的合理性。但是,这种根植于西方文化传统的方法论是否适合中国阅读史研究? 这是一个需要审慎对待的问题。试举一例,达恩顿在其阅读史经典著作《屠猫狂欢》中,使用了民间童话故事、书信、出版商保存的材料、警察档案等大量文本,以阅读为核心概念,通过6个案例来讨论18世纪普通法国人的思考方式。实际上,对普通民众、特别是下层民众的关注是西方阅读史研究的共同特征,而对中国学者来说,这种研究取向是十分困难的,研究资料的匮乏,精英士大夫阶层对于"话语权"的垄断,让那些在西方阅读史研究中被证明为"有效"的研究思路显得"水土不服"。因此,在吸收和借鉴西方阅读史研究经验的基础上,建立切合中国文化传统的阅读史研究方法论,就显得尤为迫切了。

(3)阅读史与阅读文化研究的当代价值。人文社会科学的终极价值在于关怀现实,阅读史研究也不例外。阅读的历史与传统,本身就是中华优秀传统文化的组成部分,在倡导全民阅读,建设书香社会的时代背景下,自有其现实价值。但从学术研究的角度来说,除阐释现象、总结历史经验、讨论阅读传统在阅读推广工作中的应用领域等具体问题之外,探讨阅读作为一种社会文化现象,如何影响与塑造中国人的思维模式和精神世界?阅读史的永恒与变迁之间,是否存在一以贯之的规律可循?当代社会阅读活动的新特点及其蕴含的文化内涵,是否能够在阅读史上溯及渊源?同样是非常重要的选题。

(4)区域、民族阅读史研究。中国是一个统一的多民族国家,我们既有共同的文化传统,也有各地、各民族的区域特色,二者结合在一起,才能展现中国阅读史的全貌。《中国阅读通史》的相关卷册已经注意到了对民族阅读史的论述,如《辽金西夏元卷》中党项、女真、蒙古族对于以民族文字记载的读物的重视,但限于篇幅,这种关注还是比较笼统的。中国是一个多民族国家,据学者统计,目前仍在使用的民族语言就有百余种[12],其中的不少是留下了文字记录的,还有一些以口耳相传形式流传至今的民族史诗,都是民族阅读史研究的极佳材料。此外,中国幅员辽阔,阅读活动也因此展现出明显的区域特征,在研究较为成熟的藏书史领域,除了《中国藏书通史》,各种区域藏书史著作同样十分丰富。阅读史与藏书史、出版史同属"书学三史"[13],理应借鉴藏书史的研究思路,充分利用藏书史研究成果,丰富自身的研究领域。

（5）阅读人群与个案研究,如女性阅读史、文人群体阅读史、宗教阅读史等。在我国文学史研究领域,亦有大量经典的文人群体研究成果,如魏晋隐逸、江西诗派、东林党人等,研究专门的阅读人群应当注意掌握相关领域的最新成果,而阅读史视角也将为我们重新梳理既有资料,阐释历史现象提供了一个全新的切入点。此外,对代表性读书人物的个案研究,可深入到读者的阅读心理,反映阅读发挥作用的内在机制。中国的阅读传统源远流长,可供作为个案的代表人物众多,历史上大部分的藏书家同时也是读书家,其中的许多人一生"丹黄不辍、手自校雠",在整理、校勘、阅读藏书的过程中留下了大量的文献记载,从阅读史的角度来看,都是反映读者阅读心理的一手材料。

十年磨一剑,古往今来,通史著作因贯通古今、资料繁复,向来需要投入大量的时间和精力。盛世修史、资政弘文,对于《中国阅读通史》的作者来说，这是一个最好的时代。今天，继承和弘扬传统文化，重拾阅读传统，建设书香家风，已经成为社会共识，《中国阅读通史》的出版恰逢其时。然而，回首本书编撰计划提出之时，正处在国民阅读率持续走低，读书话题不受重视，学术出版异常艰难的时间节点。学术研究，特别是人文社会科学的研究，贵在坚持，在认定的道路上踏实前行，是学者应当坚守的信念，也是《中国阅读通史》的编撰给我们留下的精神财富。当然，囿于学力，本书的错误、疏漏之处在所难免，在中国阅读史的恢弘画卷上，本书的出版只是一个小小的序章。衷心地希望通过我们的工作，对中国阅读史研究，以及全民阅读工作的开展稍有促进，同时吸引更多关心阅读史研究、热心全民阅读事业的同道加入进来，对我们提出批评指正，丰富阅读史研究的内涵，共同铸就中国阅读史的万里长卷。

（2019年6月）

参考文献

[1]王余光，许欢.西方阅读史研究述评与中国阅读史研究的新进展[J].高校图书馆工作,2005(2):1-6

[2]金元浦.接受反应文论[M].济南：山东教育出版社,1998：209

[3]Chartie R.Texts, printings, readings[M]//Aletta B. The new cultural history: essays, University of California,1989:154-175

[4]James R. New reading histories, print culture and the identification of change: the case of eighteenth[J].Social History,1998(3):268-272

[5]罗伯特·达恩顿.拉莫莱特之吻:有关文化史的思考[M].萧知纬,译.上海:华东师范大学出版社,2011:129-161

[6]Cavallo G,Chartier R. A history of reading in the West[M].Oxford : Polity Press,1999.

[7]王余光.读书随记[M].南京:东南大学出版社,2002:28

[8][9]王余光,等.中国阅读文化史论[M].北京:北京图书馆出版社,2007:3,7-8

[10]王余光.中国阅读史研究纲要[J].高校图书馆工作,2007(2):1-4

[11]司马光. 与薛子立秀才书[M]//司马光撰,李之亮笺注.司马温公集编年笺注:第四册.成都:巴蜀书社,2009:491-492

[12]我国濒危语言问题研讨会纪要[J].民族语文,2000(6):54-59

[13]王波.不忘本来,文明互鉴——我看《中国阅读通史》的学术价值[N].图书馆报,2018-3-30(3)

中国古代阅读理论研究新进展
——评《中国阅读通史·理论卷》

赵 晓

阿尔维托·曼古埃尔在其著作《阅读史》中写道:"我们不得不阅读。阅读,几乎就如同呼吸一般,是我们的基本功能。"[1]20世纪80年代的西方,随着书籍史研究的深入开展,学者们开始关注读者在书籍阅读历史中的作用,阅读史作为一个新兴的研究领域应运而生。斯坦福大学、芝加哥大学、罗马大学、爱丁堡大学等高校纷纷开设有关阅读史的课程,同时,一些国际性学术研究机构也开始开展阅读史研究工作,如作者、阅读、出版史学会和国际阅读协会下面的"阅读史研究小组"等机构。经过近四十年的发展,西方阅读史的研究取得了不可小觑的成绩。

反观中国,中国作为一个拥有悠久阅读历史的国家,具有十分丰富的阅读史料。受科举制度的影响,历代中国家庭无论皇室贵族、乡绅富贾还是农家佃户,甚至贩夫走卒,只要具有能力,无不使其子弟拜师读书,以图求学上进。我国自古就有的"忠厚传家久,诗书继世长"的民谚就是对这一观点的佐证。在中国悠久的阅读历史中,无数先贤在阅读过程中产生丰富的阅读史料,如读书治学观点、读书掌故、经典书目等史料,这些中国阅读史上产生的丰富史料目前还没有受到图书馆学界的足够重视,对这些史料的挖掘局限于对部分史料的单一选题的整理,缺乏多角度的挖掘与整合。"因而,借鉴西方已有的阅读史研究经验和成果,考察中国的阅读发展史,构建中国阅读史的研究内容……不仅对中国学术界和读书界具有重要意义,也将对世界阅读史研究做出应有的贡献。"[2]

在上述观念的影响下,近日由安徽教育出版社出版发表了由北京大学王余光教授主编的《中国阅读通史》一套书,该书由十卷构成,按照时间顺序对不同历史时期影响阅读的因素、阅读方法、阅读传统、个人阅读史等内容进行探讨。其中,第一卷《中国阅读通史·理论卷》(以下简称《理论卷》)系统阐述了阅读史研究的基本框架和一般问题,如阅读文化与阅读史,文本变迁与阅读,社会环境、教育与阅读,社会意识、宗教与阅读,学术变迁与阅读,文人生活与阅读等,并对影响我国阅读发展进程的因素如文本变迁、社会环境与教育、社会意识与宗教等内容分章节进行详细论述,并在本卷最后一章对我国古代的阅读传统进行归纳总结,系统梳理和归纳了影响我国古代阅读思想形成的因素,我国古代阅读思想发展的脉络以及我国古代阅读思想的精髓。

根据上述《理论卷》一书的编排体例和写作内容,我们可以发现,该书在我国古代阅读理论研究方面取得了以下三个方面的新进展。

一、构建中国古代阅读理论研究的新框架

阅读,作为人类认知过程的反应,是阅读主体实践活动与精神活动的统一体。中国作为一个历史悠久的读书大国,积累了无比丰富的读书经验。然而把"阅读"作为专门学问来研究,却是近一个世纪以来才逐步发展起来的。自上世纪90年代初,我国图书馆学界开始关注对阅读理论的引进和中国化研究,图书馆学人相继出版了《现代阅读学》(胡继武1991)、《阅读与阅读艺术》(卿家康1991)、《读者学导论》(钟晨发1993)、《阅读学基础》(黄葵、俞君立1996),《阅读学丛书》(曾祥芹、韩雪屏1996)等阅读理论研究著作,重点对目前我国的阅读学原理、阅读心理、阅读技法和阅读教育等方面的内容进行研究并取得丰硕成果。但是上述著作在提及阅读文化的研究领域相关问题时,存在涉及内容少、研究层次浅、重点问题一带而过的现象。针对这些问题,《理论卷》在阅读理论研究的过程中打破以往中国古代阅读理论研究以专题性阅读理论为篇章构成脉络为写作基础的传统框架,该书从阅读文化的角度出发,以阅读文化形成、发展及其精髓三个方面为基础论述我国古代阅读理论形成和发展的整体过程。

根据上述写作框架,《理论卷》在行文写作过程中首先从阅读和阅读文化的内涵出发,从文化学的角度来阐述阅读的内涵,

将阅读置于社会历史的整体环境中进行考察,把以文字为主题符号的文本的阅读作为研究对象,将阅读的概念定义为"一种从书面语言和其他书面符号中获得意义的社会行为、实践活动和心理过程"[3]。并根据阅读的定义将阅读文化定义为"建立在物质和社会基础上、受社会制度和意识制约而形成的阅读价值观念和阅读方式"。将阅读文化由内到外具体划分为价值和功能层面、制度层面、物质和社会基础层面这三个层面,之后的《理论卷》通篇行文顺序均是围绕这三个层面进行展开。例如,书中有关阅读文化民族性、时代性和区域性特点的总结内容属于阅读文化的"物质和社会基础层面";"社会意识与宗教对阅读的影响"一章的内容则是在"制度层面"对阅读文化影响进行说明;在该书的最后,作者在正视不同民族、区域、时代的阅读文化存在差异性的基础上,总结我国自古以来的阅读传统,从而提出我们国家的不同时代、不同地域和不同民族阅读文化的内核,这一内容就是对阅读文化的"核心层面"即阅读文化的"价值和功能层面"的升华与总结。从行文写作的整体框架来看,《理论卷》一书作为总领全套《中国阅读通史》的开篇之作,确定了《中国阅读通史》的整体理论基础,从辨析阅读和阅读文化的内涵与范畴出发,由表及里的深入探讨中国古代阅读理论形成的社会背景,分析其成因,为读者深入了解中国阅读传统的形成过程和内核精髓奠定基础,开创了我国传统阅读文化研究的新范式。

二、以史料为基础阐释中国阅读理论

对中国古代阅读理论的研究离不开对中国古代典籍中有关阅读方法、理论的相关记载。对一般读者来说,中国古籍浩如烟海,其中涉及阅读的内容不胜枚举,如果想单纯依靠古籍阅读来了解中国古代先贤在治学、阅读方面的经验和方法,非一时一日之功。《理论卷》作为介绍中国古代阅读文化形成和中国古代阅读文化内核的著作,书中总结的中国古代阅读理论均来源于对中国古代大量典籍的探索。因而,在阅读《理论卷》的过程中可以发现,书中在介绍中国古代阅读理论内容的过程中大量引用古代传统著作中的经典段落。如在论述"读书以立志为先"这一阅读传统时,书中以朱熹"读书以立志为先"的观点为立论,并引用多个观点加以阐释,包括王守仁"笃志、力行、勤学、好问"(《教条示龙场诸生》)和徐幹"志者,学之师也;才者,学之徒也。学者不患才之不赡,而患志之不立。是故为之者亿兆,而成之者无几,故君子必立其志"(《中论·治学第一》)的观点,以及张载的"志小则易足,易足则无由进;气轻则虚而为盈,约而为泰,亡而为有,以未知为已知,未学为已学"(《张载集·经学理窟》)的观点。在理论阐述过程中引经据典,用深厚的史料功底从汗牛充栋的中国古代典籍中自深度和广度两个方面深入挖掘中国古代阅读历史的精髓,并以此为据向读者详细阐述中国古代阅读精神和阅读传统的内核。

除此之外,《理论卷》一书不仅在阐述中国阅读传统精神的过程中大量引用古代先贤有关阅读思想和精神等方面的高屋建瓴的见解,在阐述部分读书精神时还引用古人事例,增加该书的阅读趣味。例如在论述"勤学苦读"这一中国古代阅读精神时,书中引用了"人将休,吾将不休;人将卧,吾不敢卧"的宁越,"三年不窥园"的董仲舒,"自鬻于保徒"的匡衡,"暮还辄燃柴读书"的侯瑾等人"勤学苦读"的读书故事。借助古人事例,阐述中国古代阅读精神的核心,以古喻今,不仅增加了该书的可读性,也在一定程度上起到阅读指导工具书的作用,帮助读者全面了解中国古代阅读传统。

三、总结中国阅读文化的内核

北京大学刘东教授曾在《千呼万唤"阅读传统"》一文中提出"阅读传统是自文明创化以来逐渐养成的一种惯于通过书写符号系统来扩充知识和增益自我的文化习性"[14]的观点,阅读传统作为文化传统的一部分,具有文化传统的流传性、广泛性、潜移默化性、民族性、发展创新性、良莠二分性等特征。在传统文化特性的基础上,《理论卷》将中国传统的阅读价值观归纳为"学而优则仕""读书以求知、修身、怡情""以儒家经典的阅读和阐释为中心"三点,通过对中国传统阅读价值观的挖掘,该书对中国传统的阅读方法进行总结,归纳出了"读书以识字为先""博约结合、循序渐进""读思结合、读习结合、读行结合""熟读成诵""抄读"等中国古代阅读方法,并对中国传统的阅读精神"以立志为先""勤学苦读"

"学不可以已"等内容进行详细解读。

《理论卷》作为总领不同历史时期《中国阅读通史》各分卷的开篇之作,该书的最终篇章将重点落脚于对中国古代阅读传统的总结之中。通过前面篇章对中国古代阅读文化发展的政治背景、文化水平、社会情况等各个方面的详细介绍与分析,最终对中国古代阅读文化的精髓进行概括总结。通过对早已融入中国古代读书人血液中的阅读传统的介绍,来反思为什么几千年后的今天我们仍旧要提倡阅读,提倡阅读传统经典。"中国在悠久历史中形成的阅读传统,早已融入古代读书人的血液里,成为他们的思想习惯和生活方式,是任谁也抹不掉的生命痕迹。即使到了现在,我们在阅读活动中,也在不知不觉延续着传统。这些文化传统,千百年来深深影响着后世中国读书人的价值观念和行为方式,成为中国阅读文化的源头和精髓。"[5]

以上三个方面,仅对该书中的创新和内容进行总结。当然,该书作为通史类著作,篇幅宏大,《理论卷》作为开篇第一卷,其内容总领之后各卷,是对其余各卷的背景介绍和理论升华。但是从写作形式这一层次上观察此卷可以发现,该卷在体例编排中仍旧遵守传统学术性文章的写作体例即"原因———结果"类文章写作形式,因而在内容写作过程中缺乏阅读的趣味性,文章表述的学术性强,在深入浅出方面存在欠缺。但总的来看,不论是《理论卷》还是之后的《中国阅读通史》整套著作,我们都能看到中国图书馆界学人对阅读传统和经典著作的逐步重视,我们在逐步探索中国传统阅读文化的根源的过程中,重拾中华民族"耕读传家"的阅读传统,让现在的中国成为真正的"书香中国"。

(2018年7月)

参考文献:

[1]阿尔维托·曼古埃尔.阅读史[M].吴昌杰,译.北京:商务印书馆,2002

[2]王余光,许欢,李雅.中国阅读文化史论[M].北京:北京图书馆出版社,2007

[3]徐雁,王余光.中国读书大辞典[M].南京:南京大学出版社,1993

[4]刘东.千呼万唤"阅读传统"[J].教育文汇,2005(2)

[5]王余光,汪琴.中国阅读通史·理论卷[M].合肥:安徽教育出版社,2018

《中国阅读通史·魏晋南北朝卷》撰述的思考与体会

何官峰

文章分析《中国阅读通史》这套大型学术著作出版的意义,阐述对其中通史观念和研究范式的理解和认识,介绍《中国阅读通史·魏晋南北朝卷》的撰述思路和撰述体会。

1 出版意义

从历史角度看,阅读的历史就是一部文明发展史。研究中国阅读史,就是研究中国的文明发展史,解读中国文化发展史的重要线索。《中国阅读通史》是一部彰显中华文明辉煌成就和传承中华优秀传统文化的重要典籍,有着重要的学术影响和社会意义。

从学术影响视角看,《中国阅读通史》有助于维护中国图书文化史研究结构的完整性。中国图书文化史研究的三个主要支柱是藏书史研究、出版史研究和阅读史研究。之前中国藏书史和出版史研究已经取得显著进展,如今《中国阅读通史》的出版标志着"书学三史"的首次合拢,实现了《中国藏书通史》《中国出版通史》《中国阅读通史》三部图书文化史著作的"会师"。《中国阅读通史》主编王余光构建了中国阅读史的研究范式和书写模式,开中国阅读通史研究和著述之先河，奠定了中国阅读史研究的新起点。《中国阅读通史》既有利于全面系统反映中国阅读文化发展研究的最新进展，也有利于广大读者了解和认识中国阅读文化发展的规律特征与思想智慧。

从社会价值视角看，《中国阅读通史》的出版不仅有助于书香社会的建设，形成良好的社会读书风气，而且面对西方阅读理论话语的强势冲击，有利于彰显中国阅读文化的丰厚积淀和悠久传统，还能够实现中外阅读史的平等对话和"互鉴"。中国有着丰富的阅读文化资源、优良的阅读文化传统和深厚的阅读经验积淀，古代的阅读智慧和方法对今人依然有着非常大的启发。《中国阅读通史》的出版也有助于促进阅读文化和阅读推广事业发展。当今高度重视全民阅读，阅读推广实践离不开对阅读文化传统的理解和认识，离不开传统阅读理论的指导，而且读者对掌握阅读方法和提高阅读能力有着越来越强烈的需求。如何推进当今阅读文化和阅读推广事业的发展，如何满足社会和读者的需求，都可以从阅读文化研究的重大成果《中国阅读通史》中，得到理论支撑和找到有参考价值的思想资源。

2 通史观念和范式构建

笔者在研究和撰述过程中，对《中国阅读通史》中贯穿的通史观念和构建的研究范式，形成了一些粗浅的理解和认识。

（1）通史观念。通史包含纵贯和横通两个层面的意义。纵贯主要是指时间线索和历史的线性描述，贯通古今。《中国阅读通史》在历史的纵向贯通方面，描述了从先秦到民国不同时期的阅读发展历史。横通主要是从阅读发展与社会环境、经济政治文化背景等因素的相互影响和互动关系方面，将阅读历史还原并放置在其社会文化发展的大环境中进行审视。《中国阅读通史》在历史的横向联通方面，不脱离也不超越所处的历史文化背景，将阅读与出版、藏书、教育、社会文化等相关方面的互动关系，以既融合又有所独立的形式展现出来。广大读者欲了解一门学科及其发展历史，比较便捷的路径是阅读其学科的通史。《中国阅读通史》不仅全面系统地展示了阅读发展的轨迹和脉络，而且拓展了我们理解和解释中华文化发展变迁的视野和领域。总之，《中国阅读通史》的通史观念立意高远，坚守"述往事，思来者"理念，贯通古今，以史为鉴，面向未来。

（2）研究范式。在中国古代阅读文化的研究和古代阅读史的书写中，需要划分历史时期，勾勒历史轨迹，进而描述某一历史时期阅读文化的演进和面貌，聚焦某一历史时期阅读文化发展的特征和规律，厘清某一历史时期阅读文化发展的影响因素及互动关系，挖掘某一历史时期阅读文化发展的时代精神和风尚，凝练某一历史时期阅读文化发展的思想智慧与方法积淀。相较于西方阅读史研究的模式，中国学者研究中国阅读史一开始就在探索符合中华文化特色的路径，构建适合中国学术传统的模式。在《中国阅读通史》中,各卷均贯穿和体现了王余光先生构建的研究范式,从界定概念到明确研究对象和范围,从挖掘梳理和收集整理阅读史资料到凝练研究内容,从探讨和发现研究视角到借鉴与整合适用的研究方法,从反思阅读史研究的滞后性到启动《中国阅读通史》的编撰,都展现出中国学者在阅读史研究领域的努力与智慧。这种智慧包括阅读史研究者追寻共同使命,凝聚知识共同体,开阔学术视野,树立文化自信意识,形成独特的学术路径,探索学科体系建设,构建中国阅读史研究的范式。

3《魏晋南北朝卷》编撰思路

就《魏晋南北朝卷》而言,笔者在确定研究对象和范围的前提下,开展了以魏晋南北朝阅读文化发展为对象的研究。笔者通过简要介绍该卷的撰述思路,反映对《中国阅读通史》整体理念框架和研究纲要[1]的贯穿与实践。该卷主要从三个层面建构魏晋南北朝阅读文化发展的研究框架:一是阅读与社会环境研究,二是阅读与思想文化研究,三是阅读主体与观念价值研究[2]。

(1)从阅读与社会环境的层面切入研究,主要包括第一章到第四章的内容。具体而言,宏观上阐述魏晋南北朝时期的社会历史背景,微观上分析出版、藏书和教育等外在影响因素与阅读的关系。第一章阐述该时期的宏观社会历史背景及特征。政治分裂动荡、士庶阶层分化、文化多元融合是该时期主要的社会发展特征。第二章分析了该时期读物变迁与阅读的关系及相互影响。

分别从物质与技术、语言文字、观念和制度、行为等四个层面解析该时期出版文化状况与阅读的关系。第三章分析该时期文献集藏和文献传播与阅读的关系。图书的集藏、传播和藏书文化的发展,促进了该时期阅读文化的发展。第四章分析该时期教育与阅读的关系,主要阐述教育理念、教育模式和教学内容对阅读产生的深刻影响。

(2)从阅读与思想文化的层面切入研究,主要包括第五章和第六章。第五章分析该时期学术发展与阅读的关系。魏晋南北朝是中国学术发展的重要时期,读者的通人追求与其时的学术发展趋势相互影响和促进。接着分析该时期文学发展与阅读的关系。该时期文学发展从文学自觉逐渐迈向超越。在人的自觉与文学自觉中,蕴含着文学阅读的自觉,读者在文学阅读方面的独立性和自觉性逐渐形成。第六章分析魏晋南北朝时期清谈与阅读的关系,分析魏晋清谈和阅读的相互影响,分析该时期的阅读风尚,阐述了阅读的养生和治疗功能。

(3)从阅读主体与观念价值的层面切入研究,主要包括第七章和第八章。第七章分析魏晋南北朝时期主流阅读群体的形成和阅读群体的细分,突出读者研究。接着阐述该时期的阅读典故及其中蕴含的阅读精神,阅读典故彰显该时期读书人身上闪现的优良阅读传统和阅读精神。第八章论述该时期阅读理论与方法的突出成就和贡献,主要包括刘勰的阅读知音论、钟嵘的阅读滋味说和颜之推等人的阅读功能论,以及具有时代特色的读书方法等内容。

4 撰述感言

笔者有幸参与《中国阅读通史》部分内容的研究和撰述,完成《魏晋南北朝卷》和《清代卷·上》的钻研和撰写。历经种种艰辛,手捧散发着墨香的新书,感慨良多。

笔者撰写《魏晋南北朝卷》的最初感受是一个"难"字。首先是难在史料,特别是缺少系统整理的史料,需要大海捞针,从大量文献中钩沉和甄选。其次是难在方法,对研究中国阅读史而言是个相对开放和涉及面广泛的课题,还没有形成独有的研究方法,需要借助其他学科相对成熟的方法进行研究。再次是难在观点提炼,阅读史研究的一些观点需要在深入研读文献的基础上,精心提炼出有价值和站得住脚的观点,缺乏站在巨人肩膀上的客观现实。最后是难在如何把握学科交叉的边界,研究中国阅读史必然要注意到学科交叉问题,特别是涉及心理学、语言学、教育学等学科的内容时,既要补充完善这些知识结构,又要把握好边界,要在阅读史研究的范畴内分析和探讨,而不要跨界太多或者太远。当然,还有其他一些在研究过中碰到的或大或小的问题,也是前进路上的障碍。好在笔者从一开始就树立了迎难而上的信念,天下无难事只怕有心人,收集和研读史料,采用适合的研究方法,在自身能力范围之内多下功夫,努力做到攻坚克难,最后才在不易中迎来手捧新书的喜悦。

"学如积薪,后来者居上。"客观地说,《中国阅读通史》作为一部系统研究中国阅读历史的大型学术专著,是中国阅读史研究的一个重要节点,笔者所撰的分卷中难免存在需要不断完善的地方。当然,在起步阶段,我们更应看到其开拓和奠基性意义,因为这是后来者不断推进中国阅读史系统性研究绕不开的重要起点。我们期待未来有更多更高水平的研究成果问世,因为在注重文化传承和书香社会建设的大时代,从事中国阅读史研究的人员是可以大有作为的。

（2018年3月）

参考文献：

[1] 王余光. 中国阅读史研究纲要[J]. 高校图书馆工作,2007（2）:1-4.

[2] 王余光,汪琴. 关于阅读文化研究的几个问题[J]. 图书情报知识,2004（5）:3-7.

阅读史视野下的经典阅读与经典变迁

郑丽芬

本文从阅读史研究的内涵和范式出发,讨论了经典的类型、特点以及意识形态、教育、出版、读者等因素对经典的影响,重点论述了精英知识分子对经典的阐释与经典变迁的关系。经典作为一种特定的文本和阅读对象,其变迁和接受应作为阅读史研究的一个细分视角。在此基础上,本文回顾了中国百年来经典阅读的变迁和接受,并总结了经典的变迁对于阅读史研究的意义。

一、阅读史研究的内涵和现状

20世纪70年代末80年代初,书籍史在西方成为一门学科。研究者认为,阅读史是书籍史的一个分支,但不同于书籍史对文本形制、生产和流通过程的关注,而侧重于文本的传播、接受以及文化影响,并包含了文本解读的意义。阅读史研究在西方有文学批评和历史审视两种取径,前者依托于对文本的阐释和分析,后者更注重阅读对读者思想、观念以及社会的影响,如从阅读对底层民众的影响来研究法国大革命。1986年,美国学者罗伯特·达恩顿(Robert Darnton)在《阅读史初阶》(First steps toward a history of reading)中借鉴传播学的思路构建了阅读史的研究模式,提出读者反应批评理论是阅读史研究的基础。法国学者罗杰·夏蒂埃(Roger Chartier)的书籍史研究则经历了从文化社会史转向读者接受和文本意义重建的过程。在读者反应批评理论中的"文本／作者"的基础上,阅读史研究增加了"阅读／读者"的面向,并重点关注读者的阅读行为及其对读者思想、观念的影响。

近年来,阅读史研究受到国内史学界、图书馆学、出版学界的关注。史学界将阅读史视为文化史研究的新兴领域,积极译介西方书籍史、阅读史相关著作,在研究方法上也多借鉴西方,通过对史料细节的挖掘,力图从微观层面研究历史上特定群体对特定文本的阅读及相互影响。国内图书出版学界更多地是将阅读与图书生产(创作/出版)、传播(发行/收藏、流通)、接受等过程联系起来,尤其侧重于前两个环节对阅读的影响。出版界在20世纪80年代曾讨论建立"读者学",提出要对阅读的主体——读者的结构、心理、行为等方面深入研究。图书馆学界以北京大学王余光教授为代表,从大文化的宏观视角研究意识形态、载体技术、文化教育、阅读传统等因素对阅读变迁的影响。2004年11月,王余光教授会同部分高校的研究者讨论编撰《中国阅读通史》时就曾提出,中国阅读史的研究内容包含:社会环境与教育对阅读的影响;社会意识、宗教对阅读的影响;文本变迁与阅读;学术、知识体系与阅读以及中国阅读传统等内容。[1]无论微观或宏观层面,阅读史的研究还有待深入开垦。

二、经典及经典阅读

文本是阅读的对象,对读者及其阅读起着规定、制约的作用,是构成阅读行为和过程的先决条件。经典作为一种代表性文本,其种类繁多,分布广泛,可以按照学科,也可以按照民族、区域、时间和体裁来划分。此外,经典著作时间跨度久远,影响力大。经典具有共时性,反映一个时代的价值取向,同时,又超出了当代人的局限和偏见,具有历时性的特点。

中华几千年的文明,积淀了大批的经典。在现代教育体系建立之前,人们的阅读对象主要是宗教和道德类经典。每个民族都有自己的源头书,国学大师钱穆先生说过,中国人所人人必读,知识分子至少应读四本书:《论语》《孟子》《老子》《庄子》。通过对这类道德经典的深刻研习,人们获得了自身的信仰、力量和智慧。在过去,只有读过经典的人才算是受过教育的人。[2]

经典化的过程反映了文本、社会和读者之间的关系,体现了文本的社会效应。读者阅读行为的变化,如审美情趣的转移、价值观念的变化,都会影响一个时代的经典阅读,对经典的形成、传播、消费、影响的动态考察,不仅具有学术史梳理的意义,还具有社会文化史的研究意义。因此,经典的变迁可作为阅读史研究的重要切入点。

1. 经典变迁与社会、文化、教育

法国书籍史学者弗雷德里克·巴比耶（Frederic Barbier）指出，书籍史的研究"构成不同阶段的社会、政治尤其是社会等级的历史……书籍在改变，不是因为书籍改变而是因为世界在改变。"[3]经典本身承载着语言、文字、思想、宗教、习俗之上的文明传统，以及一部分久已在我们全社会上形成的共同意识。经典变迁反映了一个民族最深层次的思想发展史和社会变迁史。

文本的经典序列受到政治意识形态、文化权利的影响。过去的经典，总是由社会占统治地位的阶级根据自己的价值标准命名的一类文本。"宗经"的传统在中国由来已久，从"六经"而"九经"再"十三经"，历代列入"经"类的文本不断增加，经学文本系统不断完善。每一个时代经籍数量的增删，每一个学派对文本内容的取舍，都反映着当时社会的思想脉动，映射出那个时代的意识潮变。中国传统的"经史子集"四部分类法将经书作为专门的类别置于首位，藏书时将经书置于最上，其他书以此放下，也体现"经"的核心地位和历代崇尚经典的传统。

及至当代，文化精英们通过各种经典选本、各种作品评奖、图书的分类来建构或者影响着经典的地位和生命力。以文学经典为例，文学专业人士对作品的评论、评奖，以及经常性引用，并将作品编入选集、丛书、工具书和文学史，以此来构建文学经典序列。"某个时期确立哪一种文学'经典'，实际上是提出了思想秩序和艺术秩序确立的范本。从'范例'的角度来参与左右一个时期的文学走向。而构建这种秩序的,往往是权力或知识精英。"[4]一旦某部经典入选某权威书目,或者获得某项有影响力的大奖,便意味着进入社会主流获得广泛认可的可能。如"20世纪最有影响力的作家"之一威廉·福克纳,其作品也是在获诺贝尔文学奖后才广为人知。[5]

经典最初高居庙堂,教育的发展使其不断普及。经典是教育机构从培养某种人才出发,灌输某种价值观、确立某种人才规格的重要途径,教育在极大程度上影响着经典的建构和传播。[6]中外传统教育的目的在于培养官吏和贵族。中国古代自启蒙时期即教儿童背诵先贤的道德文章。作为政治权利介入教育的一种手段,科举考试和教科书均以古圣先王的经典作为依据。如《论语》在宋代时成为钦定《十三经》之一,并被朱子选入"四书",成为历代科举考试的内容之一,其地位跃然上升。早期西方多以经典作为拉丁语和拉丁文化教学的载体。欧洲大学以文法、修辞、逻辑与音乐、美术等所谓"三科七艺"作为主要教学内容,根本上是为阅读和理解基督教经典。[7]中国在20世纪20年代掀起的读经运动,以及美国在同一时期兴起的"名著运动",皆以教育为主要阵地。对于普罗大众来说,教育对大众的阅读能力、审美水平、知识结构息息相关。如1750年后,西方识字率显著上升,大批城市公民读者出现,教育为经典阅读群体的扩大提供了可能。

2.经典变迁与文本传播

对经典传播的考察,可贯穿于经典的生产、流通、消费诸多环节。古今中外都有不同形式的出版审查制度,当一部潜在的经典未能通过出版审查时,难免就命运未卜了。一些经典在特定历史时期被划为禁书,影响范围和生命力都大打折扣。在跨文化传播中,不同民族和语言的经典译介也受到出版的选择操控。除了意识形态的审查,出版商对内容的鉴别眼光也会影响经典的命运。1913年,普鲁斯特完成第一部小说《斯万之家》,向多家出版商投稿均被拒绝。在屡屡受挫后,他不得不自费出版这部作品。如果在出版环节就扼杀了这部作品,打击了作家的创作热情,也就没有后来的世界经典《追忆似水年华》。

　　出版技术的发展保证了文本的可读性和阅读的便利性,进一步强化了作品的经典地位。在纸张和印刷术发明之前,书籍不易得,普通大众的阅读选择有限。作品能否广泛传布,很大程度上受制于传播手段。东汉时期,文学家蔡邕等人将儒学经典《周易》《春秋》《论语》等刻于洛阳太学讲堂,世称《熹平石经》,每天前来观瞻、摹写者的车辆达千余辆,街巷为之堵塞。石经的刊刻为一种原始的出版手段,载体的特殊性不仅彰显了经典的典范性意义,也体现了经典的历时性,促进了经典的传布。

　　文本的影响力与其流通量成正比,较大的流通量意味着阅读成本的降低和受众面的扩大。畅销书和经典之间存在转换的可能,很多畅销书经历了时间的洗礼,不断地再版重印,成为时代的经典。《圣经》可谓世界上最畅销的图书,1815至1975年,《圣经》共发行25亿册,其中1998年发行20 751 515册。在当今世界的6500种语言中,《圣经》的部分经卷已被译成2212种语言,《圣经》全书则被译成350多种语言。[8]经典再版、旧书新出是20世纪出版业的一个重要现象。1906年,西方出版界形成了"普通人的图书馆"名著品牌系列,持续40年在同类出版物中独占鳌头,其中有1200种图书的销量高达6000万册。近年来,国内出版单位为规避选题的风险,越来越青睐于经典的重新包装,推陈出新。《安徒生童话》《小王子》《巴黎圣母院》《红与黑》《基督山伯爵》等大众经典类重译再版次数居高不下,版本之多令人眼花缭乱。据不完全统计,从1995年11月到2004年10月,仅专业少儿社出版的有关安徒生图书就有159种版本。

3. 经典变迁与读者接受

文本的意义体现在读者的理解和解释中。经典接受史体现了不同时代、不同接受者对经典作品和作家的阐释评价史。期的阅读文化学从一定意义上看就是释义学,孔子开创的"述而不作"的学术传统是中国古代儒家经典阅读传统之源头。文学领域考察某一部作品的接受史包括以普通读者为主体的效果史研究、以评论家为主体的阐释史研究和以创作者为主体的影响史研究。对某种经典的阐释甚至形成了一个学科,如莎学、红学等。知识精英对经典的接受在一定程度上等同于经典的阐释史。知识分子通过对经典进行世俗化的解读,使其为越来越多的人所接受。如《论语》的接受史就是一部知识精英不断对其阐释和普及化的历史。从汉代开始,对《论语》的注疏一直没有停止,历代都有注本。两汉经学、魏晋玄学、宋明理学、乾嘉朴学等中国学术史上的种种更迭都在《论语》研究中留下了深深的烙印。

除了对经典的阐释,知识分子还通过各种方式和媒介塑造经典,影响着经典的传播。形式包括经典作品的续作,有关的诗文序跋、书目提要、书评书话、各种读书指南、导读书目、推荐书目等。如唐代的《群书治要》、张之洞的《书目问答》、叶德辉的《书林清话》等。《书目答问》初刻本自1876年在四川成都发行,即受到人们欢迎,"翻印重雕不下数十余次,承学之士视为津筏,几于家置一编"[9]。

考察经典的接受主体,不应限于评论家这一类知识精英,还应该包括普通大众。普通读者的自发推崇体现了经典对社会心理的满足,是一种更为持久的经典化方式。西方对下层民众的阅读史研究提供了很好的范例。西方研究者认为,文本的存在是因为读者赋予了其意义,因此,不仅要研究不同的人对同一文本所给予的意义,还要研究不同的人在阅读时的不同反应。在中国,读书致仕是重要的阅读传统,与阅读有关的史料多集中于精英知识分子群体。近年来出版的一些反映时代阅读风貌的图书,如《1978—2008年私人阅读史》《中国人读书透视———1978—

1998大众读书生活变迁调查》《30年畅销书史》《30年中国人的阅读心灵史》《30年中国最具影响力的300本书》等,亦多面向知识阶层。至于国内底层民众的阅读资料,在古往今来的笔记野史、书札、个人日记、个人书目、口述史、编读往来中或许可以析出一些关于私人阅读史和阅读手段、目的、能力以及特点、体验的内容,但资料爬梳的困难则要大得多。

三、近百年来经典阅读的变迁

百年来随着社会文化和技术的发展,阅读的变化也呈现明显的阶段性。以下将从四个不同的阶段进行分析。

1. 新旧交替时期的经典阅读(1919—1949年)

百年前的中国正处于新旧交替、中西文化激烈碰撞的时期。在文化教育领域,产生了许多前所未有的代表人物和代表著作,打破了过去以"四书五经"等儒家经典为主要阅读内容和"述而不作"的注经传统,形成了一批新经典。经典阅读内容逐渐过渡到包括西学在内的现代各门学科知识。在当时的学校教学内容中,传统经典只占27.1%,而数理化等新知识却占72.9%。[10]一些激进的知识分子喊出"打倒孔家店""把线装书扔到茅坑里去"的口号。受新文化运动思潮的影响,青年学生,特别是中小学生,已不把传统经典作为主要读物。

但另一方面,在中小学学校教育之外,学生们常常受到家庭或社会的影响,有较多的机会阅读传统经典。这一时期也是国学作为现代高等教育学科蓬勃发展的时期,北京大学国学门、清华大学国学研究院、燕京大学国学研究所及无锡国专等纷纷成立。胡适掀起的"整理国故、再造文明"的口号使得不少青年重新转向对传统文化的研究,希望从传统经典中找到中西文明的有机结合点。社会上一些知名学者如梁启超、胡适、章太炎、顾颉刚、鲁迅、李笠、胡秋原、钱穆、汪辟疆、吴虞等人也经常向中学生和青年人推荐传统经典。据有关统计,从1919年到1937年之间,学者们开列的传统国学经典书目就有41种(次),《诗经》《论语》《孟子》《史记》《资治通鉴》《老子》《庄子》《荀子》《韩非子》《楚辞》《文选》《左传》等书受到了普遍的推荐。[11]

从出版的角度来看,这一时期,既有对传统经典的发扬推广,又有对西方经典翻译引介。商务印书馆的古籍丛刊、丛书和"汉译世界名著"出版可谓一体两翼,一方面为阅读传统经典提供高质量和廉价的古籍读本,一方面引进新知,塑造了一批西方经典。这一时期,一些对传统经典解读的著作后来也成为"关于经典的经典"。1942年,朱自清先生写成《经典常谈》,怀着将读者引航到"经典的大海里去"的美好愿望,厘定群经、先秦诸子、几种史书、一些集部等作为中国传统经典的大致范围,并分别释文解惑,为读者提供阅读的门径。1946年,该书由文光书店首次刊行,1980年由三联书店重刊,1998年9月,此书在三联书店第三版第4次印刷,印数达65001—72000册。[12]75年以来,《经典常谈》本身已经成为阐释经典的经典。

2. 意识形态高度统一时期的经典阅读(1949—1979年)

这一时期,出版受到严格的人为规划,传统和外国经典的出版或被封锁或受到审阅监督。1949年以后,不少国学类经典被视为毒草,不再受到推崇和鼓励,外国经典仅限于苏联等社会主义国家的红色经典,少数译介的西方经典作品,也是服务于批判资本主义文化的需要。这一时期形成了一批符合主流意识形态、反映革命历史内容的红色经典,如《太阳照在桑干河上》《暴风骤雨》《青春之歌》《红岩》等。外国经典主要是苏联和其他国家的革命文学。据不完全统计,从新中国成立到"文革"前17年间,特别是中苏友好的50年代,我国翻译出版的苏联文学作品中仅中长篇小说就有700余种,以《钢铁是怎样炼成的》为代表的高尔基的多部作品深深地影响了那个时代的年轻读者。

这一时期的大众阅读主题集中在马列主义理论著作、红色题材作品和苏联文学作品上。1949年3月,在中共第七届中央委员会第二次全体会议上,毛泽东号召全党加强理论学习,并规定12本干部必读的书,其中包括马恩列斯的许多重要经典著作。这一时期的经典阅读体现了政治意识形态的高度统一性。20世纪六七十年代,国内经典当属《毛泽东选集》。其印量之大、影响之深,可以说任何图书都无法与之相比。另一方面,这一时期知识青年群体的"地下阅读运动"中广泛传阅着各类经典,如当时被作为文化批判的禁书,供"高干"学习的"内部读物"等灰皮书、黄皮书,其中多是西方政治学、哲学以及思想史、文学史的名著。[13]

3. 思想解禁和文化大发展时期的经典阅读(1979—2000年)

改革开放以后,中国社会进入了文化转型阶段,从早期对知识的饥渴,到文化产品的日益丰富甚至过剩。改革开放的十年以内,社会对经典名著的追捧一度形成了"洛阳纸贵"的情景。对于读者而言,阅读与社会的发展、人生的抉择息息相关。1978年5月,国家出版局组织重印35种中外文学名著,一次性投放市场1500万册,瞬间售罄。在大学生群体中,《红与黑》《少年维特之烦恼》《约翰克里斯朵夫》等世界名著被频繁地传阅。20世纪80年代伊始,中华传统文化的普及与传播受到社会的高度重视,以中华书局、上海古籍、岳麓书社为代表的出版社抢救性地系统整理了一批中华传统文化典籍,解决了因"文革"而造成的书荒,掀起了出版界第一次传统文化图书出版热。

另一方面,80年代以来,整个学术研究和翻译都转向了现代西学。一些知识分子策划的介绍西方思想理论的丛书和文库出版项目受到读者热捧,如金观涛等编的"走向未来丛书"、甘阳等编的"当代西方学术文库"、钟叔河先生主编的"走向世界丛书"、上海译文文社的"外国文艺丛书"、北京三联书店的"新知文库",等等。这些丛书、文库不断地重印再版,确立了一批时代经典,成为一代人共同的知识记忆。最典型的莫过于尼采的《悲剧的诞生》、海德格尔的《存在与时间》、萨特的《存在与虚无》、马克斯·韦伯的《新教伦理与资本主义精神》。

90年代以后,随着市场经济以及大众媒介的发展,社会阅读分层的趋势越来越明显。这一时期阅读更加世俗化、实用化,在阅读领域涌现了"金庸热""余秋雨热""琼瑶热",一些世俗经典随之确立起来。如金庸小说从1955年算起,超越半个世纪,实现了从"流行经典"到"历史经典"的转换。

4. 大众文化和消费主义盛行下的经典阅读(2000年至今)

如今,出版的繁荣、信息的过载、知识的下移和普及,读者与文本之间没有了距离,也就没有了敬意,人们的文本尊重情结也逐渐消失,随之而来的还有经典阅读的衰落。这一时期精英文化和大众文化的相互渗透、彼此建构与互动。以网络媒体为代表的大众文化是一种消闲享受型的文化,因此,自然疏离精英层所欣赏的高雅,同时也会逃离沉重,回避思考,而经典恰恰属于高雅厚重的文化。

在娱乐至死的大众文化潮流下,传统经典逐步走向世俗化。一方面是出版机构对经典的普及化开发,如通过语言的改编、采用低廉的定价、方便携带的开本、活泼亲民的装帧设计来吸引读者。诸如王蒙先生的"老子""庄子"解读系列、重庆出版社的"读点经典"系列、北京出版社的"经典通读"系列等都是将经典活化的代表。另一方面,随着图文本、视频、音频和多媒体的发展,越来越多的媒介形式成为经典阐释的中介。如在央视"百家讲坛"的带动下,形成了第二次传统文化图书出版热。其中于丹《〈论语〉心得》先后销售数百万册,创下传统文化图书走进读者的最高纪录。这类经典解读类的畅销书起到了普及经典、引发兴趣的作用,但出于娱乐大众的需要,解读的过程也多了几分演绎和戏说的色彩,在一定程度上又消解甚至曲解了经典。

随着政府和社会对传统文化的重视、对阅读的关注,经典阅读进入了一个新的发展阶段。出版机构对经典进行系统梳理,出现了很多对经典进行套系化、丛书化、立体化开发的项目。在国家层面,经典出版将作为文化传承和对外传播的载体,自2009年起原新闻出版总署组织实施"经典中国国际出版工程",用世界语言阐释中国特色的经典作品,不少传统经典因此焕发了生命力,并且开始走向国际。

在教育体系中开始重新呼唤经典教育。经典教育是西方国家母语教育系统中的重要传统,这一传统倡导本国学生大量阅读本国、本民族的经典作品。20世纪20年代,美国哥伦比亚大学开设了名著讲读课程,此后发展成为影响美国多所大学的名著运动。美国大学将通识教育作为核心课程,其实现方式很大程度上在于阅读经典文本,并且是逐字逐句地阅读。在中国,自本世纪初,清华大学、东南大学、华中科技大学、武汉大学、复旦大学、中山大学均开展了一系列经典阅读教育项目,许多高校在专业教育中设置了"经典著作选读"的课程,重视经典文本细读,以期让专业研究者了解该学科的学术源头。近些年,学术研究在追求前沿的同时,又掀起了一股"复古"的思潮,越来越重视学科经典,如研究学科经典著作评价体系、国外学科经典的译介和传播等,阅读经典成为学术研究的基本功。

四、结语

阅读史是整个文化史研究的一部分。阅读史研究的意义在于凸显人们阅读体验的历史意义。经典的变迁与社会文化、政治、读者阅读行为等相互影响。西方的阅读史已经形成了一门学科,在中国还没有形成系统的研究。

目前中国文化史、文明史的研究在该领域内尚处于比较浅的一个层次,阅读史是深化中国文明史、知识发展研究的一个重要切入点。[14]经典属于人类文化和文明的结晶,对经典阅读的历史考察,恰恰契合了这种切入点的选择。20世纪传统经典的阅读经历了从艰深到浅显,从文言到白话,从原本到节本,从专集到选本的变化,不断朝着大众化的方向发展。依托经典这一阅读对象历史细节的挖掘和考察,对于我们了解文本对于社会、阅读对于意识形态和社会变革的影响也提供了依据。

(2018年6月)

参考文献：

[1]王余光.阅读,与经典同行[M].深圳:海天出版社,2013.

[2]唐·库比特.信仰之海[M].朱彩红,译.北京:宗教文化出版社,2015.

[3]马凌.共和与自由:美国近代新闻史研究[M].上海:复旦大学出版社,2007.

[4]洪子诚.问题与方法:中国当代文学史研究讲稿(增订版)[M].北京:生活·读书·新知三联书店,2015.

[5]颜敏.破碎与重构:叠合的"中年写作":中国现当代文学散论[M].南昌:江西高校出版社,2008.

[6]詹福瑞.论经典[M].北京:人民文学出版社,2016.

[7]佛克马,蚁布思.文学研究与文化参与[M].俞国强,译.北京:北京大学出版社,1996.

[8]约翰·里奇斯.《圣经》纵览[M].梁工,译.北京:外语教学与研究出版社,2015.

[9]范希曾.书目答问补正[M].南京:江苏古籍出版社,2000.

[10][11]王余光.中国阅读通史(民国卷)[M].合肥:安徽教育出版社,2018.

[12]《散文百家》杂志社选编.散文百家十年精选[M].北京:中国言实出版社,2011.

[13]赵树勤,等.中国当代文学史(1949—2012)[M].长沙:湖南

师范大学出版社,2012.

[14]王余光.经典解读名著的阅读[M].昆明:云南人民出版社,2001.

略论阅读传统与书香社会建设

王余光

中国是历史悠久的文明古国,自文字诞生以来,中华民族的阅读传统就从未断绝。几千年来,书籍的载体形态和制作方式几经革新,但人们的阅读习惯并没有发生根本的变化。然而,近十几年来,随着数字媒体的普及,传统的阅读习惯受到了前所未有的冲击,人们的阅读方式发生了根本性的变革。一方面,我们享受着数字阅读带来的便捷性,每个读者都可拥有近乎无限的文本;另一方面,因阅读方式变革导致的阅读碎片化、表层化,也让人们的阅读行为广受诟病。数字阅读时代,读什么?怎么读?仍是读者面临的难题。在我多年的教学和阅读推广实践中,总有不少家长和青少年读者向我提问,咨询如何读书,特别是如何阅读古代经典方面的问题。可见,载体形态、文本存储和获取方式的变革,会改变人们的阅读习惯。但是,阅读活动的核心——人们的阅读体验,古今中外是有相通之处的。这种阅读体验,包括人们读书时获得的人生感悟,读书经验和方法的总结,读书环境的营造等等诸端,既是阅读史研究的重要内容,也对当下的阅读推广工作具有借鉴意义。这是阅读史研究的现实价值。

从学术的角度出发,传统的历史研究较为关注生产力和生产关系,而对人类心智的发展甚少涉及,比如我们今天读到的明史著作,大多是以明朝的经济发展为中心展开论述的,而于明朝人读什么书,有什么样的知识结构却着墨甚少。另一方面,一部阅读史就是一部文明史,一部人类对人生理解的历史。世界各个地区的阅读史既有共性,更有其特殊性,都是人类阅读史上的华彩乐章。作为一个阅读传统从未断绝的文明古国,中国阅读史理应在人类阅读史上占据相当的分量,但是,现实情况却不令人乐观。在畅销世界各国的阅读史著作《阅读的历史》(新西兰 费希尔)、《阅读史》(加拿大 曼古埃尔)等书中,关于中国阅读史的章节几乎到了可以忽略不计的地步。甚至于迄今为止,尚无一部中国阅读通史著作出现。这无疑是令人十分心痛的,任何一位关心中国传统文化的学者,都不能不对此有所触动。重视本国阅读史的研究,是我们这一代人的责任,阅读史研究的必要性和紧迫性,体现了学术生长的内在动力。这是阅读史研究的学术价值。

无独有偶,自2014年起,"倡导全民阅读 建设书香社会"的文化战略被多次写入政府工作报告。这说明重视阅读不仅是学界共识,更引起了社会的广泛关注。历史研究的终极价值在于关照现实。那么,中国阅读史研究与建设"书香社会"之间是否有关联呢?答案是肯定的。

首先，所谓中国的阅读传统，是在一代代读书人的传承中产生的，延绵千载而不绝。但是，这种文化传统到了二十世纪中后期，遭到了彻底地颠覆，文化的传承因此中断。重新建立中国文化自信，是我们"书香社会"建设的重要课题。

第二，中国人重古训，追先法，流传至今的经典著作影响着一代又一代的读书人。经典不仅赋予读者人格力量，更是通过个体对整个社会的政治、经济、思想文化、价值观念产生着巨大影响。建设"书香中国"不仅仅要强调读书，更强调通过读书重塑中国人的价值观念。而重塑中国人的价值观念，是不可能和古代经典文化隔绝的。

第三，经典阅读是我们对传统的一种极度尊崇，它能让我们远离消费主义和平庸主义的污染，能让经典内化成为我们教养的一部分。继承以经典阅读为核心的阅读传统和阅读精神，让阅读成为我们的一种生活方式，是"书香社会"建设的重要手段。

正是认识到阅读史研究的重要价值，及其对全民阅读的促进作用，我从很早就开始关注阅读史研究的相关话题。上世纪八十年代中期，我主编的《影响中国历史的三十本书》一书[1]，从读者解释与评论的角度，梳理了三十本经典著作是如何通过人们的阅读和传播影响中国历史进程的。自此以后，阅读的历史及其影响，成为了我长期关注的领域。值得欣慰的是，多年以来，出于对读书的共同爱好，我们以书为媒，聚集了一批志同道合的学者，就阅读史和阅读文化展开广泛地探讨,取得了一些成果。其中中国图书馆学会阅读推广委员会主持编纂出版的成果有《书与阅读文库》、《中国阅读报告》丛书第一辑与第二辑。我本人主持及同道合作出版的成果有:《中国读书大辞典》、《中国阅读大辞典》等工具书;《读书四观》、《塑造中华文明的200本书》、《中国读者理想藏书》、《读好书文库》、《中国名著导读》、《书海导航》、《中国名人读书生涯》、《世纪阅读文库》、《读书随记》、《阅读,与经典同行》等阅读系列读物。

在这些前期工作进行的同时,2000年左右,我提出了编纂《中国阅读通史》的想法。经过与同行、学生的多次讨论,大家对中国阅读史的构建提出了一些初步的设想,就阅读史与阅读文化、国内外阅读史的研究现状及如何建设中国阅读史等问题发表了一系列的论文。在2001年发表的《关于阅读史研究的几个问题》一文,我对中国阅读史资料、阅读的内涵、阅读的时代变迁、中国阅读的传统、书籍的力量与象征意义等问题展开了初步讨论[2]。2004年在安徽教育出版社的支持下,由北京大学、南京大学、武汉大学、苏州大学等院校的相关研究者共同参与的《中国阅读通史》编撰会议在北京大学召开[3]。经过十余年的努力,十卷本《中国阅读通史》即将于年内与读者见面。中国阅读尚无专史的局面有望至此终结。司马迁云:述往事,思来者。通过我们的努力,我们期盼未来阅读史的研究更加辉煌。通过对中国阅读历史的叙述,我们希望未来的中国,是一个书香的中国。

经过二十余年的探索,我国阅读史的研究者逐步增多,一批年青的研究青渐渐成长起来。2016年4月,在中国图书馆学会阅读推广委员会的大力支持下,第三届阅读推广委员会正式增设了阅读史研究专业委员会,挂靠在贵州民族大学图书馆,为有志于阅读史研究的专家学者开展相关问题讨论、推动相关理论研究搭建了一个合作和交流的平台,标志着阅读史和阅读文化的研究已经初具规模。同年7月,由中国图书馆学会阅读史研究专业委员会主办,贵州民族大学图书馆承办的"阅读传统与书香中国建设研讨会"在贵州民族大学图书馆召开。会议邀请了来自全国各地的40余位在阅读史研究方面卓有建树的专家及年轻学者,围绕阅读传统与"书香中国"建设主题展开讨论。具体议题包括:阅读传统与"书香中国"建设之间的关系;阅读传统在"书香中国"建设中的作用;阅读史与阅读理论研究的方法与内容;阅读传统在阅读推广活动中的应用等[4]。

梳理中国阅读史研究之现状,无疑是令我们欣喜的,通过我们的工作,越来越多的同行开始注意到中国阅读史这个宏大的研究领域,并投入到相关议题的讨论中去,阅读史研究即将迎来一个新的局面。回顾过去的研究可以发现,虽然我们已在中外阅读史研究现状、中国阅读史整体脉络的梳理,阅读史资料的整理和出版等方面取得了一定的成果,但是仍有大片亟待开拓的处女地,如阅读史发展的阶段性与阅读文化发展的区域性;社会环境、意识形态、教育、宗教、出版等因素对阅读史的影响;经典阅读史、区域阅读史、民族阅读史、个人阅读史等,等待着研究者,特别是青年学者去开垦和发掘。

一个孩子的成长需要众位师长的扶助,一门学科的发展需要来自方方面面的关注。阅读史研究从涓涓细流发展到今天的规模,凝聚了研究者的智慧,也离不开关心阅读史研究的同仁的帮助。在"阅读传统与书香中国建设研讨会"之后,《高校图书馆工作》编辑部的刘平博士向我提出创办"阅读史研究"专栏的想法。这一专栏在我国图情期刊中尚属首创,在学术风气略显浮躁的今天,能够坚持人文底蕴,支持基础研究,足见该刊一贯坚持的学术精神。在中国图书馆学会阅读史研究专业委员会的主持下,经过半年多的筹备,"阅读史研究"专栏终于要和读者见面了。

首期的五篇文章,一篇是阅读学研究专家曾祥芹先生的"世界阅读史上的奇观",阐释了《论语》古今流传的阅读简史;一篇从宏观角度讨论了中国阅读史研究与"倡导全民阅读、建设书香社会"的国家文化战略之间的关系,揭示了阅读史研究的理论和现实价值;一篇从大学课堂出发,回顾了中外高校通识教育的发展脉络和课堂模式,并结合作者的实践经验,提出了在大学课堂开展经典阅读教育的课程体系设计;一篇从历史发展的宏观角度梳理了"经典"内涵的变迁及时代影响;一篇是针对书籍流通的重要一环———书肆起源问题的考证,五篇文章很好地体现了本专栏的宗旨,既欢迎作者就阅读史研究中的诸多理论问题发表看法;也提倡理论联系实际,从中国阅读史中总结经验方法,讨论将其运用到阅读推广工作中去的途径;既可以是对史实或者某一具体问题的考证;也可以是对中国阅读史现象和经验的系统梳理。

值此专栏创办之际,我谨以一个阅读史研究者的身份衷心地表示感激和祝贺。希望以此为契机,促进中国阅读史的研究,为学术进步、社会发展创造出更多有价值的成果。

(2017年1月)

参考文献:

[1]王余光主编.影响中国历史的三十本书[M]. 武汉:武汉大学出版社1990年初版,2007年新版,韩国汉城知汉城知永社1993年韩文版,台北洪叶文化事业有限公司1994年版.

[2]王余光.关于阅读史研究的几个问题[J]. 图书情报知识,2001(3):7-11.

[3]王余光.中国阅读史研究纲要[J]. 高校图书馆工作,2007(2):1-4.

[4]祝童,熊静."阅读传统与书香中国建设研讨会"会议综述[J]. 山东图书馆学刊,2016(4):118-121.

重拾阅读传统 再建书香社会

熊 静

"忠厚传家远,诗书继世长",中国自古就是一个阅读文化发达的文明古国。自文字诞生之日起,中国人的生活便与书籍、阅读密不可分,在相当长的历史时期内,"修身齐家治国平天下"都是士人追求的理想人生境界,而实现这一愿望的途径就是读书。因此,千百年来,中国人视读书为正途,敬畏知识、尊重书籍,留下了一段段关于阅读的动人故事,其中既有囊萤映雪、凿壁偷光的勤苦,也不乏草堂高卧、采菊东篱的闲适,这些宝贵的精神财富滋养着中国人的灵魂,培育了我们的民族性格。

20世纪以来,受政治形势和"西学东渐"的影响,在相当长的时期内,我们对传统文化采取了全盘否定的态度,使得今天的年轻人与传统文化之间产生了很深的隔膜。进入21世纪后,随着网络和移动终端时代的到来,国民阅读出现了浅阅读、泛阅读的倾向,总体阅读率,特别是传统经典的阅读情况不容乐观。近年来,随着社会财富的积累,越来越多的人认识到,保持经济高速发展之余,如何让中国人的精神世界也富足起来,才是为中华民族崛起提供持续发展动力之关键所在。历史上,中国人民创造了辉煌灿烂的中华文化,这是先哲留给我们的精神财富,也是我们自立于世界民族之林的根本。今天,我们强调提升软实力,树立文化自信,首要任务就是继承优良传统,从中国古代历史经验中寻找答案,在古代经典中汲取养分,实现这一目标的手段就是阅读推广。因此,自2012年起,党和国家的历次重要报告都将"全民阅读""书香社会建设"提到国家战略的高度。而倡导全民阅读,建设学习型社会,首先就应该深入研究我国古代的阅读思想和阅读文化,从我国悠久的阅读历史和优良传统中总结经验。

1 中国阅读史研究与书香社会建设

1.1 中国阅读史的研究内容

阅读史是一个近年来在西方广受关注的研究领域。国外的阅读史研究,起源于书籍史,同时受到读者反应理论、阐释学等新兴学科的影响,于20世纪80年代前后形成了独立的研究体系[2]。此后的几十年里,取得了令人瞩目的成绩。其代表人物罗伯特·达恩顿、罗杰·夏蒂埃等人的论著对西方现代人文科学的发展产生了重要的影响。2000年以后,阿尔维托·曼古埃尔的《阅读史》(2002),史蒂文·罗杰·费希尔的《阅读的历史》(2009)两部西方阅读史著作先后被翻译成中文,受到了读者的热烈欢迎,畅销不衰。两书虽然不是严格意义上的学术著作,但在中国影响巨大,为开辟中国阅读史这一新的研究领域带来了启示。

相对于西方,中国阅读史研究起步较晚。前期成果主要集中在阅读史资料的整理以及阅读学理论体系的构建方面。较为重要的论著包括:王余光、徐雁的《中国读书大辞典》(1993);曾祥芹等编著的《古代阅读论》(1992);曾祥芹、韩雪屏主编的《阅读学原理》(1992);王龙的《阅读研究引论》(2003);王余光等人的《中国阅读文化史论》(2007)等。但是迄今为止尚未有一部完整的中国阅读通史出现。因此,2004年前后,北京大学的王余光教授率先提出编撰多卷本《中国阅读通史》的研究计划,并对中国阅读史的研究框架进行了梳理。

按照这个框架,1949年以前的中国阅读史被划分成了7个相对独立的历史分期,每个历史分期的研究论题包括8个方面,分别为:阅读史研究的基础;理论研究;文本变迁与阅读;社会环境与教育对阅读的影响;社会意识与宗教对阅读的影响;学术、知识体系与阅读;中国阅读传统;个人阅读史[1]。每个方面又分出若干个子论题。其中,既有理论框架的搭建,又有对古代阅读经验的系统总结;既考虑了阅读行为与周边环境之间的关系,也注重个体的阅读体验,是目前最为全面的中国阅读史研究体系。

1.2 "书香社会"的内涵

从上面对中国阅读史研究内容的梳理可以看出,中国阅读史是一门以我国历史上的阅读经验、阅读理论以及人们的阅读行为为研究对象的学科。这与我国目前"建设书香社会"的国家文化

-187-

战略具有天然的契合度。

"全民阅读""书香社会"的文化政策起源于1997年开始实施的知识工程。这是一项由文化部等九部委联合主办,面向全国民众,以创建学习型社会为目标的精神文明建设工程。根据中宣部等部委联合发布的通知,该工程以发展图书馆事业为手段,以倡导读书、传播知识、推动社会文明与进步为目的[2]。2000年起,知识工程将每年12月定为"全民读书月",2004年起改为每年4月,在"读书月"集中举办各种阅读促进活动。这既是全民阅读这一概念出现的标志,也是图书馆参与阅读推广工作并逐渐成为主导力量的缘起。

据学者研究,与"全民阅读"并列的另一个重要概念——"书香社会",是对联合国教科文组织1970年代确立的"阅读社会"目标的中国化改造[3]。1972年,为了实现"人人有书读,人人能读书"的美好愿景,教科文组织向世界各国发出了"走向阅读社会"的号召。"阅读社会"传入中国后,与我国传统"书香传家"的家风相结合,产生了这一极具中国特色的建设口号。

在"倡导全民阅读,建设书香社会"的过程中,重视阅读史和阅读文化的研究,首先可以为人们提供阅读方面的指导和建议。其次,重拾中国传统阅读精神,不仅有助于书香社会建设目标的实现,更是重建中国文化自信,提升国家软实力的重要一环。再次,传统经典是我们重建价值观的思想源泉。而经典的传播和接受史是阅读史研究的重要内容。通过总结先哲的阅读经验,提炼传统文化中的精髓以及具有现代价值的部分,是我们重建价值观的基础。

2 阅读史研究与阅读推广工作

自"全民阅读""书香社会"概念提出之日起,图书馆一直是阅读推广的主力军。近年来,随着国家对文化软实力的高度重视,各界人士也广泛参与到阅读推广工作中来。阅读推广是一种以培养公民阅读兴趣和阅读习惯为目标的实践活动,也是"倡导全民阅读、建设书香社会"的重要措施。那么,偏重理论的阅读史研究,可以在阅读推广工作中发挥作用吗?答案应该是肯定的。上面我们已经从理论层面分析了阅读史研究与书香社会建设之间的关系,从阅读推广的实践层面,中国阅读的历史和传统可以发挥以下几个方面的作用。

首先,阅读史研究可以为阅读推广的基础理论建设提供借鉴。过去的十余年,以图书馆为代表的社会各界开展的阅读推广活动如火如荼,成效显著。但是,相关理论研究的步伐并没有跟上,阅读推广基础理论还十分薄弱,社会机构和个人开展的阅读推广活动处于"各自为政"的阶段,缺乏统一的理论指导。这已经成为了制约阅读推广工作向专业化、精深化发展的障碍。有不少学者已经认识到这一点,提出应当重视阅读推广基础理论研究的号召[4]。并将阅读推广基础理论研究的内容归纳为:阅读、阅读行为和阅读文化研究;阅读推广基础理论问题研究;阅读推广实践问题研究三个方面[5]。阅读史研究的就是过去的人们的阅读行为和阅读经验,本身就属于阅读推广基础理论研究的范畴。同时,阅读史作为一门在西方已经发展地较为成熟的学科,其学科体系的构建、研究方法的选择等方面都值得阅读推广基础理论研究者借鉴。

其次,阅读史研究可以提升阅读推广工作的文化内涵。2014年,习近平同志在纪念孔子诞辰2565周年国际学术研讨会暨国际儒学联合会第五届会员大会开幕式上发表讲话,指出"文明特别是思想文化是一个国家、一个民族的灵魂。无论哪一个国家、哪一个民族,如果不珍惜自己的思想文化,丢掉了思想文化这个灵魂,这个国家、这个民族是立不起来的。"近年来,又在不同场合反复强调"文化自信"的重要性。中国人的"文化自信"从何而来?来自于我们博大精深的优秀传统文化,也来自于中国革命、建设、改革的伟大实践过程中孕育的革命文化和社会主义先进文化。其中,优秀传统文化是根基,孕育了中国人的骨气和底气,是形成中华民族独特精神世界的基础。"耕读文化""礼乐文化"是中国传统文化的核心,阅读则是保证优秀传统文化代代相传的主要方式。中国人自古重视读书,除了实现知识、思想的代际传递之外,阅读行为本身也被我们赋予了神圣的意义,不论是阅读方法的总结,还是读书环境的营造,都倾注了前人大量的心血,形成了严谨而不失轻松,朴素而不失雅致的中国阅读文化。在阅读推广活动的创意和实施过程中,如能恰当吸收我国阅读传统和精神中具有现代价值的部分,将极大地提高阅读推广活动的文化品位。

第三,阅读史研究为阅读推广工作提供经验和方法。应当说,这是阅读史研究对阅读推广工作最直接的帮助。总结前人的阅读经验和方法,是阅读史研究的重点。这些经验和方法,在五千年的传承过程中,经受住了历史的考验,已经被证明是适合用来阅读中国经典的。比如对于需要精读的书籍,要手抄口诵;在阅读过程中,要勤学善思,敢于质疑经典;再比如在家庭教育中,家长要以身作则,为孩子营造读书氛围;同时阅读应当有计划性,遵守自己制定的日程等。对中国古代阅读的精神和方法进行系统总结,并按照当前阅读推广工作的实际需要加以借鉴利用,是阅读推广人应当承担的责任。

3 《中国阅读的历史与传统》的主要内容

前面我们用大量的篇幅说明了阅读史研究与"全民阅读""书香社会"建设之间的关系,并对其在阅读推广工作中可能发挥的作用进行了总结。阅读史属于阅读推广基础理论研究的范畴,是阅读推广工作走向专业化、学科化的基石。因此,2016年4月,第三届中国图书馆学会阅读推广委员会成立时,特别新设了阅读史研究专业委员会,为相关研究和实践工作搭建了一个专业平台。同时,在《阅读推广人系列教材》第二辑中列入了《中国阅读的历史和传统》一书,由该委员会副主任熊静博士,委员何官峰博士共同撰写完成。

成书后的《中国阅读的历史和传统》共计21万字,分为八讲。其中,第一讲《概述》、第二讲《中国阅读史研究进展》、第五讲《中国古代阅读的传统和精神》、第七讲《古代阅读理论与方法》由西南大学图书馆的何官峰副研究馆员撰写。第三讲《中国古代阅读史的研究资料》、第四讲《中国古代阅读的历史》、第六讲《古代家庭教育中的阅读传统》、第八讲《阅读史研究和阅读推广工作》由上海大学图书情报档案系的熊静副研究员撰写。

由上面的纲目可知,通过这本小书,我们希望解决以下几个问题:

第一,中国阅读史研究框架和基本资料的梳理。包括中国阅读史的研究进展、研究对象和内容、研究方法等,以及中国阅读史研究资料的类型和范围。这部分内容为对中国阅读史研究感兴趣的读者提供进一步探索和独立研究的线索。

第二,中国阅读史的发展脉络。我国历史上的阅读活动,以文本变迁为节点,可以大致被分为抄本时代、印本时代、机器印刷时代,每个阶段都展现出各自的时代特征。大才如苏轼,面对雕版印书的泛滥,也不得不无奈地发出"束书不观,游谈无根"的感叹,足证文本变迁之裹挟力。20世纪末至21世纪初,数字和移动终端时代来临,新一轮的文本变迁方兴未艾,如何应对数字时代人们阅读行为的变化？在享受便利性的同时，如何尽可能地避免数字阅读方式的弊端？是阅读推广工作遇到的现实问题。总结中国阅读史的阶段特征，找到文本变迁与阅读行为之间的规律，从历史经验中汲取养分，是我们应对数字阅读时代的利器。

第三，中国古代阅读的经验和方法，及其对阅读推广工作的启示。众所周知，中国古代阅读史是一座取之不竭的思想宝库。但是，如何从这座思想宝库中提炼符合社会发展需要的养分，这既是一个理论问题，也是现实需要。限于篇幅，我们无法穷尽阅读史研究的方方面面。因此，从实践角度出发，我们选择了代表人物和阅读主体两个维度，条分缕析地将我国的阅读传统和经验总结为一些具有可操作性的条目，以求对阅读推广工作有实际上的帮助。前者以人为纲，重点关注了刘勰、钟嵘、颜之推、金圣叹、颜李学派、张潮等在中国阅读史上做出了突出贡献的人物及其阅读思想。后者则以家教文献为基础，总结了古代家庭教育中的阅读思想和阅读方法。在梳理阅读传统的同时，也对它们在当下阅读推广工作的应用提出了建议。

第四，阅读史研究和阅读推广工作之间的关系。论述了阅读史研究在实现"书香社会""全民阅读"等文化战略中的作用，是在前几章讨论具体问题基础上的一次理论升华。

对于阅读推广人来说，了解中国阅读史的发展脉络，深刻领会古代阅读的精神和传统，既是提高自身文化内涵的有效手段，也是阅读推广工作的现实需要。今天,我们强调阅读的重要性,首要任务就是让人们重拾阅读的传统,领略优秀传统文化的魅力。在这个过程中,古代阅读的思想和方法将起到无可替代的作用。如何将中国优秀的阅读传统和阅读文化,应用到今天的阅读推广实践中来,是这本书所着力解决的问题。因此,在策划、写作的过程中,既要具备一定的理论高度、宏观视野,让读者对中国阅读史的全貌有一个概要的认识,同时注重古代阅读精神和方法的现实应用,是我们的基本思路,也是本书的主要特点。

需要特别说明的是,丛书主编王余光先生及其科研团队,多年来一直致力于推进中国阅读史的研究进展,在本领域建树颇丰。两位作者忝列门墙,多受教益,在本书撰写过程中,余光师多次组织两位作者讨论大纲,厘定撰写体例,书中的诸多重要观点也直接引述自余光师的相关论述。可以说,本书的结构脉络体现了以余光师为首的科研团队在阅读文化、阅读史研究领域的集体智慧。

中国古代阅读的历史和传统,是一个内涵十分丰富的研究领域,《中国阅读的历史和传统》所涉及的只是与阅读推广工作联系较为紧密的一部分。我们期望通过这本书的出版,能够引起更多关心古代阅读史研究、热心阅读推广事业的人们的兴趣,并就阅读史研究中的诸多问题,与我们展开广泛而深入地讨论,将中国阅读史和阅读文化的研究,以及相关阅读推广工作的实践推上新的高度。

(2017年12月)

参考文献:

[1]王余光.中国阅读史的构建——《中国阅读通史》序[J].常熟理工学院学报,2016(3):106-109.

[2]关于在全国组织实施"知识工程"的通知[J].当代图书馆,1997(2):60-62.

[3]曾祥芹.汉文阅读学导论[M].北京:中央文献出版社,2004:120.

[4]范并思.阅读推广与图书馆学:基础理论问题分析[J].中国图书馆学报,2014(5):4-13.

[5]范并思.阅读推广的理论自觉[J].国家图书馆学刊,2014(6):3-8.

论阅读史研究与"书香社会"建设的关系

熊 静

近年来,"全民阅读"与"书香社会"建设,日益得到国家政策层面的重视,而社会各界开展的各类阅读推广活动,历时亦有十数年之久,一场全民参与的阅读浪潮方兴未艾。在这其中,"重拾阅读精神"[1]、"重建阅读传统"[2]的呼吁不绝于耳,可见,中国古代阅读精神与传统在现代社会中仍有强大的生命力。那么,阅读精神与阅读传统,在建设书香社会、倡导全民阅读过程中究竟能够发挥哪些作用？我们又应该如何在阅读推广活动中体现中国古代阅读传统与精神的独特魅力呢？这是我们首先应该关注的议题。

1 全民阅读战略的提出

2015年,李克强总理在政府工作报告中提出"倡导全民阅读,建设书香社会",这是书香社会第一次出现在政府报告中。同时,这也是继2012年党的十八大报告、2014年政府工作报告后,全民阅读在国家战略层面的再次亮相。将全民阅读、书香社会建设上升到国家战略的高度,这充分说明了倡导全民阅读,建设学习型社会,在当前社会环境下的必要性和紧迫性,是提高国民素质,实现中华民族伟大复兴的重要一环。事实上,虽然全民阅读和书香社会近两年才频频通过政府工作报告进入公众视野,但相关活动早已开展地如火如荼,国家层面的全民阅读战略也已经历十年以上的发展历程。可以说,全民阅读和书香社会写入党和政府的报告,是对前此以往政府各层面全民阅读政策和战略的总结,是对当前社会重拾中华民族阅读传统、构建学习型社会呼声的积极回应,是阅读普及和推广工作的现实需要。因此,在对当下的政策进行分析之前,首先应该梳理全民阅读战略实施和发展的背景及过程。

2 全民阅读、书香社会政策背景

2.1 从知识工程到全民阅读

自上世纪80年代初期开始,伴随着改革开放和思想解放的浪潮,一股读书热悄然兴起,为了适应各阶层民众对知识、阅读的需求,全国各地都涌现了大量促进阅读的活动,较为有名的如1982年上海市总工会等机构组织策划的"振兴中华"读书会,这也被部分学者认为拉开了我国全民阅读事业的序幕[3]。"振兴中华"职工读书活动是1980年代活动时间最长、社会影响最大、参加人数最多的一次群众性读书活动[4],但是由于其活动对象主要针对职工群体,故而人们更为普遍地认为,我国的全民阅读活动始于1997年开始的"知识工程"。

知识工程是1997年,由文化部发起,中共中央宣传部、文化部、教育部、科技部、广播电影电视总局、新闻出版总署等九部委联合主办,一项面向全国,以创建学习型社会为目标的精神文明建设工程。依照工程规划,自1997年开始,2010年结束[5]。根据中宣部等部委联合发布的通知,"知识工程"以发展图书馆事业为手段,以倡导读书、传播知识、推动社会文明与进步为目的[6]。"知识工程"的实施,标志着民众阅读工作上升到国家文化政策的层面,同时,也充分体现了图书馆,特别是公共图书馆,在阅读推广工作中的主体地位,为各级各类图书馆积极开展阅读推广活动提供了政策支持。"知识工程"实施后,举办了一系列的全民阅读活动,如1999年的读书征文活动,2000年组织各系统图书馆开展的以"传播科学知识、宣传科学思想、倡导科学办法、弘扬科学精神"为主题的阅读活动等,对社会阅读氛围的营造产生了积极的影响。

在"知识工程"开展的系列活动中,尤其值得注意的是"知识工程推荐书目"和"全民阅读月"两项。早在1997年工程通知发布之日起,在实施方案中就明确规定每年颁布"知识工程"推荐书目,并做好推荐图书的宣传、出版、发行和组织阅读、书评工作。但该活动的正式实施,则要晚到2004年,全称为"知识工程——中华全民读书书目推荐活动",由全国知识工程领导小组批准,委托中华文化报和中国图书馆学会共同承办[7]。之后的几年,经过严格评选,该活动连年发布《知识工程推荐书目》,入选图书数千种,为普通民众和图书馆购书提供了指导。"全民阅读月"是"知识工程"主导的另一重大项目。2000年12月1日,知识工程领导小组将每年的12月定为"全民读书月",以此为契机,在全国范围内开展全民读书活动。首届"全民阅读月"开展了丰富多彩的各类活动,包括评选"读者喜爱的图书馆""全国优秀读书家庭""科技读书示范户"等等,并以图书馆、出版社、新华书店为主要场所举办了书展、读书报告会、朗诵会等一系列读书活动,可以说是我国首次全民性质的阅读推广实践[8]。"全民阅读月"举办三届后,于2003年12月开展第四届活动时,正式交由中国图书馆学会组织实施[9],进一步明确了公共图书馆在全民阅读活动中肩负的主导地位。2004年初,中图学会在规划第五届"全民阅读月"活动时,为了"进一步激发全民读书的热情,推动学习型社会、学习型组织、学习型家庭的建设",同时响应联合国教科文组织"世界读书日"的号召,将"全民阅读月"的时间调整为每年4月,从2004年起,在4月23日前后举办一系列的相关宣传活动[10]。至此,中国的阅读推广活动与世界接轨,世界读书日在中国流行开来,并对我国的全民阅读事业产生了深远的影响。

  在全国开展的各类阅读促进活动中,尚需注意的还有由中国新闻出版研究院组织实施的全国国民阅读调查。该调查自1999年起,起初每两年公布一次,2007年以后改为每年公布一次,截止

2016年,已发布了十三次全国国民阅读调查报告。调查数据表明,近20年来我国成年国民的图书阅读率呈现U字型曲线,1999年出现峰值,其后逐年下降,2005年跌至谷底。2006年,11部委联合发出开展全民阅读活动的倡议后,阅读率逐年回升,但仍低于1999年的数据[11]。除了阅读率曲线外,数字化阅读率持续上升是我国国民阅读的一个突出特征。据2016年的数据,2015年有51.3%的成年国民进行过网络在线阅读;60.0%的成年国民进行过手机阅读[12]。这些数据为我国的阅读推广活动提供了重要的理论依据。

经过十余年的宣传推广,全民阅读的理念日益深入民心,人们对阅读活动在继承和发扬中华优秀传统文化,构建学习型社会,提升中华民族软实力等方面价值的认识也越发深刻。时至2006年,中宣部、原国家新闻出版总署会同10余家相关单位组织发起了"开展全民阅读活动的倡议书",至2016年,上述部委连年发布关于开展全民阅读活动的通知(参见表1),以政策引导的形式领导开展各项阅读推广活动,全民阅读活动受到了前所未有的重视。

表1 中宣部等11部委关于开展全民阅读活动的通知

时间	名　称
2006年	关于开展全民阅读活动的倡议书
2007年	关于开展以"共享知识,共建和谐"为主题的全民阅读活动的通知

2008年	关于认真做好2008年全民阅读活动的通知
2009年	关于进一步推进全民阅读活动的通知
2010年	2010年全民阅读活动行动计划
2011年	关于深入开展2011年全民阅读活动的通知
2012年	关于深入开展全民阅读活动努力建设"书香中国"的通知
2014年	关于开展2014年全民阅读活动的通知
2015年	关于开展2015年全民阅读活动的通知
2016年	关于开展2016年全民阅读工作的通知

有学者对上述政策文件进行分析后指出,10年来政府部门主导的全民阅读活动体现出活动主导者由多头联动到主辅分明,活动内容由单一到多元,活动时间由短期到长期等特点[13]。

随着全民阅读活动的蓬勃发展,2011年10月,党的十七届六中全会全体通过《中共中央关于深化文化体制改革推动社会主义文化大发展大繁荣若干重大问题的决定》,首次写入"深入开展全民阅读……活动",作为发展公益性文化事业,保障人民基本文化权益的重要举措。2012年11月,党的十八大报告历史性地写入"开展全民阅读活动",将其作为推进社会主义文化强国建设的途径。2014年至2016年,"倡导全民阅读"连续3年写入政府工作报告,体现了其在保障民生,加强文化事业建设,推进文化改革方面的重要价值。2016年3月17日,"十三五"规划纲要全文发布,首提"推动全民阅读",从"倡导"到"推动",全民阅读第一次进入了国家整体规划。

2.2 图书馆界在全民阅读活动中的作用

上面我们回顾了全民阅读从宣传推广到上升为国家文化战略的过程,在这个过程中,我国图书馆界做出了突出的贡献。前述许多重要的全民阅读活动,均是由图书馆具体负责实施的,甚至在政府部门关注到全民阅读之前,我国各级图书馆已经开始了大量自发的阅读推广活动,以下择要述之。

2004年,中国图书馆学会受知识工程领导小组委托,开始承办"全民阅读月",从2004年至2016年,中国图书馆学会按照一年一个主题策划组织全国范围的全民阅读活动,历年主题包括:"关注青少年阅读,开创精彩人生""阅读丰富人生,共建和谐社会""图书馆:公众的权益和选择""图书馆:阅读社会的家园""图书馆:公民讲堂""让我们在阅读中一起成长""保障阅读权利,享受阅读快乐""读书,给人智慧,使人勇敢,让人温暖""播撒阅读种子,构建公共文化""知识给人力量,阅读引领未来""阅读,请到图书馆""阅读的力量""阅读,从图书馆出发"。围绕上述主题,全国各地各级图书馆均展开了形式丰富多彩的阅读推广活动,让阅读真正走进了每个公民的生活。

为了适应阅读推广活动广泛开展的需求,特别是加强阅读理论研究与阅读推广活动的结合,2005年,中国图书馆学会成立了科普与阅读指导委员会,2009年该委员会更名为阅读推广委员会。2016年4月,第三届中国图书馆学会阅读推广委员会在东莞成立,下设的专门工作委员会也由第一届时的5个,发展到第二届时的15个,再增至本届的21个[14]。阅读推广委员会成立的11年来,在促进全国图书馆的阅读推广工作,培养阅读推广人才,培育社会阅读环境,以及阅读理论研究等多方面均取得了突出的成绩,举办的"全民阅读论坛""全国阅读推广高峰论坛"等,均已形成品牌效应,对我国的阅读推广工作产生了积极的影响。

3 阅读传统与精神在书香社会建设中的作用

3.1 提倡全民阅读、建设书香社会的价值

通过对我国20余年来全民阅读工作历史进程的回顾可以看到,全民阅读已经从最初的涓涓细流汇集成宽广的江河湖泊。人们对事物的认识需要一个逐渐深化的过程,我们对建设阅读社会价值的理解也是如此。今天,当全民阅读与书香社会建设已经进入国家文化战略的层面时,我们对其价值和意义的理解也应达到新的高度。

首先,有助于提升中华民族的文化素养和社会文明程度。这也是推进全民阅读的基本目标。倡导全民阅读,基础在于保障所有公民阅读的权利,使得每个公民都享有平等、自由的阅读环境。政策实施过程中,这一点主要是通过完善国家公共文化基础设施建设,加强图书馆、文化馆等文化机构建设来实现的。国家重视

全民阅读,不断加大对文化基础设施的投入,阅读量和阅读率的逐年提升,是社会进步、文明程度提高的标志。

其次,有助于提高国家软实力,树立中华民族的文化自信。2015年,中国人均GDP已经接近8000美元,成为了仅次于美国的世界第二大经济体。新一届政府强调提升我国软实力,增强中国人民的自信心,是基于目前国际国内形势所做出的准确判断。如何提高国家软实力?有赖于对中华民族优秀传统文化的继承和发扬,有赖于对三十余年来社会建设成就的真实客观反映。而阅读是我们了解过去,展望未来最直接和有效的手段。

第三,有助于维持中国长期持续平稳发展。经过30余年的快速发展,中国目前已经进入了平稳增长的历史时期。改革开放以来,我们在经济建设上取得了惊人的成就,进入平稳期后,尤其需要注意引导国民心态从对外在物质的关注,转向对内在精神世界的追求,这是保证中国未来继续平稳发展的关键所在,而阅读在重塑中国人精神世界上的作用无可替代。

3.2 阅读史研究在书香社会建设中的作用

上面我们分析了提倡全民阅读、建设书香社会的重要价值。那么,阅读史研究在其中能起到哪些作用呢?在分析这个问题之前,我们首先需要对"书香社会"的由来略作探源。有学者认为,"书香社会"一词的提出,是对联合国教科文组织1970年代确立的"阅读社会"目标的中国化改造[15]。1972年,联合国教科文组织为了实现"人人有书读,人人能读书"的美好愿景,向世界发出了"走向阅读社会"的号召[16]。建设"阅读社会"的呼吁传到中国后,很自然地与我国人文传统中"书香门第"的观念结合,于是,和中国文化更加吻合的"书香社会"被适时地提出。可见,"书香社会"天然便与中国传统文化密不可分。我国是一个拥有五千年阅读史的文明古国,中国古代与阅读有关的感人故事层出不穷,积累了丰富的阅读理论和阅读方法,这是我们倡导全民阅读、建设书香社会的宝贵财富。具体说来,中国古代阅读传统和阅读精神的研究对书香社会建设具有以下几个方面的意义。

首先,我们对阅读历史和传统的研究,有助于为今天的人们提供阅读方面的指导和建议。古人在阅读活动中,留下了大量与阅读相关的体悟,它们通过书目、读书笔记、家训等形式流传至今,通过对其进行总结研究,提炼其中符合现代社会需要的部分,可让我们今天的阅读活动少走弯路。

其次,中国人的阅读传统和阅读精神,是在一代又一代读书人的传承中形成的。从文字诞生至今,中国的阅读传统从未断绝,但是阅读的精神却在二十世纪后期逐渐没落了。随着时代的发展,我们越来越认识到,一个民族、一个国家的发展是不能与它的传统相割裂的,今天我们强调阅读史的研究,强调对古代优秀阅读传统和精神的继承,实际上是重新拾起中华民族文化传承的脉络,这不仅有助于书香社会建设目标的实现,更是重建中国文化自信,提升国家软实力的重要一环。

第三,传统经典是我们重建价值观的思想源泉。中国古代阅读史上最感人的篇章,是一代代读书人对经典的阐释和坚守。通过学习经典,中国人建立起了与世界任何其他民族都不相同的世界观、价值观。过去的三十年,为了迅速摆脱中国贫穷落后的局面,我们在经济建设上投入了全部力量,相对忽略了文化建设和价值观养成。今天,中国人面临的物质条件得到了很大的改善,但是精神世界却一片荒芜。对物质的过分追求蒙蔽了人们探寻高尚精神世界的乐趣,社会普遍存在着焦虑、浮躁的情绪,我们将阅读作为治愈这一切的良药。而通过古代阅读传统和精神传递给我们的,中华传统文化中精髓将是我们重建价值观的基础。

(2017年1月)

参考文献:

[1]重拾阅读精神[EB/OL].人民日报·人民论坛,2009年4月23日. http://opinion.people.com.cn/GB/9178565.html. [2016-8-3]

[2]王子今.如何重建阅读传统[N].北京晨报,2015-05-28

[3][8]许琳瑶.从"振兴中华"读书活动到全民阅读推广工作:1982-2012[D].南京大学硕士论文,2013:1,23-24

[4]徐雁、陈亮主编.全民阅读参考读本[M].深圳:海天出版社,

2011：69

[5]知识工程简介、标识[J].全国新书目,2006(24)

[6]关于在全国组织实施"知识工程"的通知[J].当代图书馆,1997(2):60-62

[7]我国全民读书活动蔚然成风——"知识工程推荐书目活动"综述[J].全国新书目,2005(21):15-16

[9]中国图书馆学会.关于开展2003年"全民读书月"活动的通知[EB/OL].http://www.chinalibs.net/Zhaiyao.aspx?id=18192.[2016-08-03]

[10]四月是全民读书月[EB/OL].http://www.gmw.cn/03pindao/shuping/2004-04/21/content_15791.htm.[2016-08-03]

[11]统计数据中的全民阅读[N].光明日报,2016.4.23

[12]第十三次全国国民阅读调查结果公布[EB/OL].http://news.xinhuanet.com/politics/2016-04/19/c_128907616.htm.[2016-09-03]

[13]刘长迪、陶金刚.全民阅读政策解读[J].河北科技图苑,2016(3):40-43

[14]吴晞.十年种木长风烟——纪念中国图书馆学会阅读推广委员会成立十周年[J].高校图书馆工作,2016(1):5-6

[15]曾祥芹.汉文阅读学导论[M].北京:中央文献出版社,2004:120

[16]徐雁.坦然面对"渐行渐远渐无书"的当代阅读社会新常态——写在联合国教科文组织设立"4·23世界读书日"二十周年之际[J].山东图书馆学刊,2015(2):103-105

中国阅读史研究资料述略

熊 静

研究资料是人文社会学科赖以存在的基础,对历史研究更是如此。中国素有重视阅读的传统,历史上人们或为教育子弟,或为记载读书心得,留下了大量关于阅读的论述,形成了丰富的阅读思想和阅读理论,是中国阅读史研究的宝库,对今天的阅读推广工作也具有重要的参考价值。然而,虽然我国目前的阅读学和阅读史研究方兴未艾,但是作为学科基础的资料集结工作仍然比较薄弱。因此,我们将按照类别逐一介绍中国古代阅读史研究的主要史料,以及前人在史料整理方面的主要成果,希望为有志于阅读史研究的读者提供线索。

1 阅读史研究资料概述

所谓研究资料,是指记载了研究对象各种信息的文献的集合。就如陈寅恪先生总结的那样:"一时代之学术,必有其新材料与新问题。取用此材料,以研求问题,则为此时代学术之新潮流。"[1]学术研究的生命力,在于对新材料和新问题的发掘,这也是我们重视阅读史研究资料的直接原因。然而,阅读史研究在我国兴起的时间不长,尚未形成公认的研究框架和研究体系,对阅读史研究资料的范围和具体内容也没有定论。因此,阅读史研究资料的具体内容包括哪些?是我们首先要解决的问题。

1.1 阅读史研究资料的概念内涵

想要定义阅读史研究资料的范围,首先要明确阅读史的研究对象和研究内容,一切与阅读史研究对象和研究内容相关的文献,都属于研究资料的范畴。

阅读史研究什么?前辈学者多有论及,在此仅列举中外两种比较具有代表性的看法。新西兰的费希尔在其畅销书《阅读的历史》中对该书的内容做过如下界定,"讲述阅读的神奇故事,描述阅读行为、阅读者及社会环境,介绍阅读内容的诸多呈现方式。"[2]王余光教授在《中国阅读史研究纲要》中,将中国阅读史研究分解为八个问题,分别是资料集结;理论研究;社会环境与教育对阅读的影响;社会意识与宗教对阅读的影响;文本变迁与阅读;学术、知识体系与阅读;中国阅读传统;个人阅读史[3]。

总结前人的观点,阅读史研究应该包括三个方面的核心内容:阅读行为本身的发展脉络,环境因素对阅读的影响,阅读者及其阅读心理。第一个方面,阅读行为的历史,如每个时期阅读的阶段、地域特征,阅读内容,阅读思想,阅读理论与方法等。第二个方面,环境因素与阅读的关系。人们的阅读行为受到经济、政治、文化、宗教、教育、出版等多方面的影响,这些与阅读相关的学科也是我们应该关注的。第三个方面,阅读者和阅读心理方面的研究。人是阅读的主体,阅读史研究也要关注读者,如每个时期的读者构成、读者心理,阅读习惯,个人阅读史等,都是阅读史研究的重要内容。

1.2 阅读史研究资料的类别

通过上面的分析,按照与阅读活动关系的密切程度,我们可以将阅读史研究资料分为核心资料和外围资料。核心资料是与阅读活动直接相关的各类史料,包括各个时代直接记载阅读活动的文字,学者总结的阅读思想、方法、理论等。外围资料是指交叉学科中与阅读活动有关的各类文献。那些与阅读活动发生关联的学科都可以被认为是阅读史研究的交叉学科,当然,交叉学科对阅读的影响大小是不同的,限于条件,我们不可能穷尽所有交叉学科的文献资料,但是诸如书籍史、藏书史、出版史等与阅读活动密切关联的领域,需要进入我们的研究视野的。

2 阅读史研究资料的主要内容

2.1 核心资料

2.1.1 阅读思想和阅读方法

古人在阅读活动中,留下了大量阐释书籍价值、读书观念、读书目的、读书心得、读书感受的文字,我们将其统称为阅读思想。此外,古代学者一贯重视读书方法的总结和应用,在漫长的历史长河里,形成了诸如善思好问,口诵默念,抄写名篇等一系列行之有效的方法,是中国古代阅读史的突出特征。古代阅读思想和阅读方法,各自都有不少名篇,但是大多数情况下,两者是同时出现的,古人在阐释自己的读书观时,往往也会提出具体的阅读方法,如著名的《颜氏家训·勉学》,前半部分阐释了读书的目的、书籍的作用,后半部分则提出了多种具体的读书方法。因此我们将两者放在一类介绍。

从文献来源的角度来看,上述两种类型的阅读史料主要来自:

(1)先秦典籍。四书五经等儒家经典,以及诸子百家著作,其中与学习、读书相关的内容十分丰富。其中较为著名的篇章如《礼记·学记》;《大学》;《论语·学而》;《尸子·劝学》;《荀子·劝学》;《吕氏春秋》的《劝学》、《尊师》、《诬徒》、《用众》、《察传》篇;《孟子》的《告子上》、《尽心下》等篇;《左传》之《不学国将乱》等篇;《列子》之《薛谭学讴》、《纪昌学射》、《两小儿辨日》等篇;《庄子》之《望洋兴叹》、《庖丁解牛》等篇等。

(2)文集是古人诗文作品汇编。古人论读书的单篇常采用三种文体:诗歌、书信和散文。在没有单行本的情况下,一般都会收入个人文集或总集中。

诗歌,即各类劝学诗和读书诗。前者主要是站在长辈或者过来人的角度来劝导后辈珍惜时间、勤学苦读,如唐代名篇《金缕衣》、颜真卿《劝学》、王贞白《白鹿洞诗》、杜荀鹤《闲居书事》、北宋

《神童诗》、王安石《赠外孙》、苏轼《宋安淳秀才失解西归》、陆游《冬夜读书示子聿》等。后者则主要表达诗人的读书心得。如陶渊明《读山海经》、宋朱熹《读书有感》、元翁森《四时读书乐》、明于谦《观书》、《禾冕》、文嘉《明日歌》、清法式善《读书》等。

书信,是古人远距离通讯的主要手段,名人书信一般都会收入文集,其中包括了大量论学的内容。如三国诸葛亮《诫子书》;西汉司马迁《报任安书》;唐韩愈《答李翊书》;柳宗元《与韦中立论师道书》;宋欧阳修《答吴充秀才书》;黄庭坚《书赠韩琼秀才》《与李几仲帖》;王安石《答曾子固书》;朱熹《答陈师德书》《答吕子约说》《与魏应仲书》《答陈同甫书》;清顾炎武《与人书》;洪亮吉《与孙季逑书》等。

散文,指前人论学的单篇文章。著名者如西汉贾谊《新书·劝学》;东汉王充《潜夫论·讚学》;徐干《中论·治学》;西晋虞溥《厉学篇》;葛洪《抱朴子·勖学》;东晋李充《学箴》;梁刘勰《崇学、专学》;唐虞世南《劝学篇》;韩愈《师说》《进学解》《伯夷颂》;柳宗元《罴说》《种树郭橐驼传》《卖油翁》;曾巩《墨池记》;苏轼《石钟山记》《日喻》;王安石《伤仲永》《游褒禅山记》;朱熹《徽州婺源县学藏书阁记》;明刘基《苦斋记》;清袁枚《黄生借书说》;彭端淑《为学一首示子侄》;阮葵生《读书强记法》;梁章钜《读书法》《作文法》;唐甄《潜书·劝学》;石成金《学乃传家之宝》;刘开《问说》;张之洞《輶轩语》、《劝学篇》等。

(3)除了文集外,部分古人论读书之道的篇章,由于篇幅较大,在读书人中流传甚广,在当时就曾被单独刻印,对中国古代阅读史产生了深远的影响。

《朱子读书法》,朱熹读书方法语录的汇编。最早由朱熹学生辅广选辑,张洪、齐熙增补。将朱熹读书言论归结为六条:循序渐进、熟读精思、虚心涵泳、切己体察、着紧用力、居敬持志。南宋咸淳六年(1270)黎靖德编辑出版《朱子语类》,卷七至卷十三谈论为学之道,其中卷十、十一为《读书法上、下》。此外,《朱子读书法》尚有明程端礼辑本。

《读书分年日程》,元程端礼撰。至正元年(1341),程端礼担任庆元路训导时,为督导诸生学习,根据朱子读书法六条,刊定《读书分年日程》。全书分三卷。正文前有"纲领",第一二卷为程端礼根据朱熹教育思想制定的教学程序和教学计划。成书后,在南方流传甚广,有崇德吴氏义塾、台州路学、平江甫里书院等刊本。程氏家塾自刊本刻于元统三年(1335),一般作《程氏家塾读书分年日程》[4]。

《宋先贤读书法》,《四库提要》卷九十六"存目"著录。不著撰人名氏。万历丙午,莆田训导江震鲤序而重刊之。"所采宋儒之说凡十二家,而朱子为多。其法始以熟经,续以玩味,终以身体力行。"[5]

《簟溪自课》,明冯京第著。本篇是作者为自己读书治学订立的章程,内文分日、旬记、月要、时会、岁成五部分。篇末附《读书三要》《读书作文六字诀》《作文一字诀》。

《读书法》,清魏际瑞著。作者为明末清初人,通篇以四言韵语写成,名为《读书法》,实际上并未讲如何读书,而是教育读者读书时如何爱惜图书[6]。收入《檀几丛书余集》卷上。

《读书作文谱》,清唐彪著。凡十二卷。卷一至五谈如何读书,兼论修辞和欣赏。卷六至九谈作文和修辞。卷十评论古文,卷十一、十二论诗文体式。有康熙年间刻本,与《父师善诱法》合集,名《读书作文谱父师善诱法合刻》。

《家塾课程》,清龙启瑞著。作者自题为"此专责为蒙师者课十五六岁童子以下而设"[7],收入《丛书集成初编》。

《读书法汇》,清杜贵墀著。汇选历代关于读书法之文字,体例略显杂乱。收入《丛书集成初编》。

(4)史料笔记、读书志。史料笔记是古代的一种文体,通常将用散文所写的零星琐碎的随笔、杂录统称为"笔记",记载的"残丛小语"式的小故事称为"笔记小说"。笔记的内容非常丰富,包括政治、历史、文化、经济、自然科学、社会生活的各个方面。故此,读书典故,论读书方法的小短文也常常被收入笔记中。如欧阳修《归田录》"三上"篇;陆游《老学庵笔记》卷七"教授知错认罚";陈鹄《西塘集旧续闻》"苏轼读《汉书》";清阮葵生《茶余客话》"日读三百字"等。再如元盛如梓的《庶斋老学丛谈》多辩论经史,评骘诗文之语;明冯梦龙《古今概谈》则多收读书的逸闻趣事,均属此类。中华书局编有历代《史料笔记丛刊》,可供查阅。

读书志,或读书笔记,是古人在读书过程中随读随记的一种文体形式。古人读书,强调"眼到、口到、手到",重视读书笔记在阅读过程中的作用,所以这种文体形态也十分发达。仅以明清两代为例,笔者目力所及就有:清王仁俊、王颂清、董瑞椿、杨赓元《读尔雅日记》;王肇昭、凤曾叙、徐鸿钧《读汉书日记》;陈宗谊、陈期年《读论语日记》;李光地、崔纪、罗泽南《读孟子劄记》;夏炘、朱景昭《读诗劄记》;李晚芳、王毅《读史管见》;查德基、朱锦绶《读史记日记》;王念孙、杨城书《读书杂志》;明徐问、乔可聘《读书劄记》;清于邑、费祖芬《读仪礼日记》;清张履祥、方宗诚《读易笔记》;清顾树声、许克勤《读周易日记》;雷鋐、赵绍祖《读书偶记》;明孙伯观、郝敬《读书通》等。

(5)家训。家训是指记载古人教家训子内容的文献,广义的家训包括一般家训、家规族约、俗训文献和乡约文献[8]。中国自古重视家庭教育,留下了丰富的家训文献,而读书学习是家教的重要内容,所以家训中也有大量与之相关的论述。

除上述几种比较集中地记载了阅读史料的文献,古代各种史书的《艺文志》、《经籍志》"序",藏书家的书目题跋中也有大量与之相关的内容,需要研究者注意。

2.1.2 阅读指导

阅读指导方面的史料主要是指各种推荐书目。又称导读书目,举要书目(目录),学习书目(王重民)[9]。关于推荐书目的来源,前人主要有三种观点。

一种认为清道光二十七年(1846)龙启瑞编撰的《经籍举要》为我国最早的推荐书目。

一种认为这一称号应当归于敦煌《杂钞》中的《唐末士子读书目》。

一种认为我国推荐书目的发展脉络依次为:申叔时"为太子推荐九门课程"、汉武帝"推荐《六经》"、《历代众经举要转读录》(唐道宣《大唐内典录》)、《唐末士子读书目》、《程氏家塾读书分年日程》、《十年诵读书目》《十年讲贯书目》《十年涉猎书目》(陆世仪《思辨录》)、《体用全学》《读书次第》(李颙《二曲集》)、《经籍举要》、《读书举要》(同治八年杨闽希)、《书目答问》[10]。

以上三种观点的分歧主要在于对推荐书目含义理解的不同。事实上,中国古代指导阅读的文献非常丰富,并不仅限于推荐书目,前述古人家训,读书论等篇章中,都会谈到诸如读书次序,阅读方法的问题,甚至还会具体到某一部书应该如何读。从广义上来说,这些都属于推荐书目的范畴。

2.1.3 读书事迹与掌故

历代学者的勤学故事、读书典故等层出不穷,主要记载在正史、方志、学案、笔记、墓志等的人物传记中,资料比较分散。明代开始,就有学者对此史料加以编辑,如祁承㸁的《读书训》、吴应箕的《读书止观录》、陈继儒的《读书十六观》、屠本畯的《演读书十六观》、吴恺的《读书十六观补》等,清代陈梦雷《古今图书集成》中有"读书部"一卷,周永年的《先正读书诀》等。

《读书灯》,明末冯京第著。此篇列举了历代文士夜读所用过的十三种照明灯具,以书前小序,知每灯下俱配有图,故名之。本书的实际内容是以诗歌的形式,陈述历代文人勤学的故事。

《读书训》,明末祁承㸁著,收入《澹生堂藏书约》。该书杂取古人勤学苦读,足为后人借鉴的事例23则,编成《读书训》。

《读书十六观》,明末陈继儒编撰。是书收录古人读书掌故、心得十六则。此书流传后,明末屠本畯和吴恺都曾分别为之续补,前者作《演读书十六观》,收入《读书止观录》,后者作《读书十六观补》,收入《泾川丛书》。

《读书止观录》,明末吴应箕编撰。共五卷,是在陈继儒《读书十六观》和屠本畯《演读书十六观》基础上新增而成。前三卷收录不见于上述两书的先贤读书心得、掌故,第四卷收《读书十六观》,第五卷收《演读书十六观》。

《古今图书集成》之《读书部》,清陈梦雷修纂。《古今图书集成》是清代康熙年间编撰完成的一部我国现存最大的类书。《古今图书集成·理学汇编·学行典·读书部》,分为纪事、杂录、外编三部,从正史、野史、杂录、笔记、稗乘等93种史料里,辑录古人勤奋读书的事迹、方法。

《先正读书诀》,清周永年编撰。采集前人著作46部,辑录古人读书事迹192条。

2.2 外围资料

上述三类构成了阅读史研究的核心资料。阅读史研究的外围资料,指的是相关学科中与阅读活动相关的文献。阅读活动受到诸多环境因素的影响,我们不可能穷尽所有方面,在这里仅选取三个与阅读活动关系最为密切的领域——书籍史、出版史、藏书史进行介绍,这并不是说阅读史研究的外围资料仅此三类。

2.2.1 书籍史中的阅读史料

书籍是阅读的对象,因此书籍史与阅读史也有着天然的联系。传统意义上的书籍史,主要是指对书籍物质形态、社会经济层面以及印刷、出版、销售等流通层面的研究[11]。前者如书籍制作、形态变迁等,后者则包括印刷史、出版史、传播史等方面的相关内容。然而,这种传统的书籍史研究取向,却在1970年代后的西方史学界受到了强烈的挑战。以美国史学家达恩顿,法国史学家夏特里埃为代表,西方书籍史研究转向了更为强调读者角色的阅读史研究,时至今日"当今西方学界通常说到的阅读史或书籍史,实际上是一而二、二而一的东西。[12]"

如达恩顿在其代表作《何为书籍史?》中指出的一样,现在西方史学界指称的书籍史,"甚或可称作交流的社会史——文化史,因其目的是理解在过去的五百年里,观念如何通过印刷传播,如何影响了人类的思想和行为"[13]。重点在于研究由作者、出版商、印刷商、承运商、书商、读者共同构成的"传播循环"的时空变化,以及与周边其他体系之间的关系[14]。简言之,新文化史学派的研究者在被他们称为书籍史或阅读史的研究中,不仅仅要回答诸如"哪些人看书,看了什么书,在何时何地看书",关键在于了解过去的人们"为什么阅读"以及他们是"如何阅读"的[15]。基于这样的研究思路,"档案史料中获得的具体书目入手,或是个人的图书收藏、阅读笔记、订购目录,或是图书馆的借阅登记等"[16],这些传统意义上书籍史史料,全部都能成为阅读史研究的新材料。

西方新文化史学派的书籍史(或阅读史)研究,是在继承和批判年鉴学派以统计学、教育学、文化社会学等方法对书籍史进行研究的思路基础上形成的,体现了研究路数从社会经济史向心态史、文化史的转变。相对于之前以文本为中心的研究方式,更注重对书籍作者、读者角色、及其与文本之间关系的考察。当然,中西方的历史背景不同,我们不可能完全照搬西方书籍史的研究思路。但是,书籍或者说文本与阅读之间的关系是无法割裂的,人在其中起到了关键的作用,在书籍史和阅读史各自的研究达到一定程度后,将两者作为一个整体,更加关注其中人的因素,这是西方书籍史研究对我们的启示。

而中国自古就是图书文化十分发达的国家,留下了诸如:艺文志、经籍志、书目、提要、书志、书序、题跋、书刻、书约、读书记、校勘记、注疏、补遗、章句、疏证、书话、词话、诗话、评点、夹注、眉批、购书记、贩书记、藏书约、简帛、石刻、版刻，以及有关禁书、焚书、书厄的记载和表述，等大量与书有关的文献，这些都是阅读史研究宝贵的材料。

2.2.2 出版史中的阅读史料

出版作为书籍传播流通的重要一环，与阅读的关系同样密切。事实上，前人在讨论与书籍有关的话题时，往往是将书籍史、出版史和印刷史联系在一起的。比如著名书史学家钱存训先生编的《中国印刷史书目》[17]；范军先生的《出版文化史研究论著目录（2000-2004）》[18]；肖东发、袁逸先生的《20世纪中国出版史研究鸟瞰》[19]等，都是同时收录书籍史、印刷史、出版史的相关论著。

按照定义，反映图书编纂、出版、印刷、发行情况的文献资料，都属于出版史料[20]。出版是影响阅读的环境因素之一，特别是印刷术发明后，出版业成为了书籍流通的主要渠道。出于盈利的目的，从古代开始，出版商就是最能把握读者阅读喜好和阅读心理的群体。此外，出版政策的变化也会对文本生产、书籍流通产生关键性的影响。因此，通过对出版史料的研究，可以帮助人们了解当时的出版环境对阅读的影响，以及一定时期内人们的阅读偏好和阅读风尚的变迁。

1949年以来，人们在出版史料整理方面成果颇丰。有专门的

《出版史料》杂志刊行,各地也组织编写了大量区域资料汇编。此外,还有多部出版史料汇编出版。如张静庐编《中国近代出版史料》(《初编》上杂出版社,1953年;《二编》群联出版社,1954年)《中国现代出版史料》(甲乙丙丁四编,中华书局1954-1959年)《中国出版史料补编》(中华书局,1957年);宋原放主编《中国出版史料》(古代、近代、现代,山东教育出版社,湖北教育出版社,2006年);吴永贵《民国时期出版史料汇编》(国家图书馆出版社,2013年);宋应离主编《中国当代出版史料》(大象出版社,1999年);《中华人民共和国出版史料》(书籍出版社,2009年)等。

还有一种值得注意的出版史料是书店售书目录。中国古代很早就出现了商业性质的书坊,为了扩大销路,书坊经常会编有一些供顾客选购、选订其刻印或者售卖图书的书名清单,流传至今的较著名者如建阳书肆的《建阳县志·书坊书目》、《古今书刻·书坊》[21]、经营近四百年的《扫叶山房书目》等,是了解当时书籍流通情况的重要材料,值得我们注意。近代以来此类书目更加丰富,以刘洪权等所编《民国时期出版书目汇编》(国家图书馆出版社,2010)为代表。

2.2.3 藏书史中的阅读史料

中国古代藏书文化发达,形成了官府、私人、书院、寺观四大藏书体系,留下了丰富的藏书管理和整理的经验方法。在与书籍相关的研究领域,藏书史也是成果最丰,发展最成熟的学科,各种藏书通史、区域藏书史、群体藏书史、个人藏书史研究论著数量众多,为阅读史研究提供了大量可资借鉴的材料和观点。

一般来说,古代的藏书家都是读者,同时也有可能是文本的生产者。藏书活动围绕着图书征集、购求、抄写、鉴别、藏书楼(室)营建、藏书庋藏、保护、管理、利用、刊布等一系列行为展开,与这个过程相关的各种记载都属于藏书史料。藏书家在其中体现的藏书思想,也在一定程度上反映了他的阅读观。

试举一例说明,古代藏书家通常都会为家藏书籍编辑目录,目录前有藏书家本人撰写的序言,一般都会对藏书家的阅读观做出阐释。比如清代常熟派大藏书家张金吾在《爱日精庐藏书志·自序》中提出:"宋元旧椠,有关经史实学而世鲜传本者,上也;书虽习见,或宋元刊本,或旧写本,或前贤手校本,可与今本考证异同者,次也;书不经见,而出于近时传写者,又其次也。而要以有裨学术治道者为之断。"[22]体现了作者的阅读好尚。再如古代藏书家都十分重视藏书楼的营建,比如钱谦益的绛云楼"房栊窈窕,绮疏青琐"[23],毛晋汲古阁"亭前后皆种竹,竹叶凌霄,入者宛如深山"[24]。展现了藏书家对阅读环境的追求,也是中国古代阅读史的特色。

3 阅读史研究资料的整理出版

由于中国古代关于阅读的史料十分丰富,早在民国时期,就有学者对其进行总结,其成果为今天的阅读史研究提供了很大的便利。

3.1 阅读观念和阅读方法资料的整理和出版

1935年,中国读书界曾发起过一场以鼓励读书,造成好学风气,提高文化水准为宗旨的读书运动。史学家钱穆应邀写成《近百年来诸儒论读书》(原名《近百年来之读书运动》,初成于1935年,后收为《学龠》第五篇,1958年香港自刊本),总结了近百年来诸儒的读书论及其所开列的各种入门书目,并在此基础上进行了系统的研究评说,集资料收集与理论研究于一身,是中国晚清至近代阅读理论研究的重要成果。1939年,张明仁编成《古今名人读书法》,从历代典籍中择取从先秦至民国的三百多位名人的读书史料汇为一编,该书有商务印书馆2007年重印本。1993年,王余光、徐雁二位教授主编《中国读书大辞典》(南京大学出版社),分"名人读书录""读书知识录"等十类,收录词条3700余条。2016年,在此基础上编辑而成的《中国阅读大辞典》出版,将相关阅读史料按照《儿童阅读与书香家庭》、《藏书名家与书人事迹》、《读书方法与阅读理论》等重新编排,更吻合目前学术界阅读学研究热点。1984年,杨磊选编《古今劝学诗讲》。1996年,徐梓主编《劝学——文明的导向》,收录古代劝学名篇并加以译注。1997年,吴永贵等人的《把卷心醉:读书藏书》,从古代典籍中辑录与读书藏书相关的片段,加以译注,其中"勉学篇"、"方法篇"、"藏书篇"包括了大量与阅读史相关的内容。同年,袁咏秋等人主编的《中国历代国家藏书机构及名家藏读叙传选》,第三编"中华文化古籍之源流故实"、第四编"历代名家藏读叙传选"搜罗了大量古代名家论读书的篇章。1998年,朱关法编辑了《中国古代劝学名篇选注》,择取不同体裁的劝学、治学名篇150余篇。

2001年,曾祥芹等人选辑中国历代221位诗人的543首读书诗,以《历代读书诗》之名出版。2002年,同书作者编撰《古代阅读论》,选录先秦至晚清学人有关阅读的种种论述,两书是对中国古代阅读史料的一次全面总结。2010年,吉林出版集团刊出《中外劝学名篇系列》,选取荀子、张之洞,日本的福泽谕吉之《劝学篇》,加以译注,中外比较,颇有新意。2013年,杨达明辑录了《陆游读书诗》,为之作注,由商务印书馆出版。同年出版的《黄庭坚读书诗研究》,其附录部分收集了大量黄庭坚读书诗相关史料。

3.2 读书掌故资料整理和出版

1987年,马达选编《古代劝学寓言》,收录古代读书故事近百篇。1994年,王三山所著《文人书趣》一书,涉及历代学人读书掌故颇多。1997至1998年间,长江文艺出版社陆续推出《中国名人读书生涯》丛书(1999年台北新视野图书出版有限公司再版),从近代学者、名人中遴选出曾国藩、康有为等十位,紧扣"读书"的主题,回顾先哲的读书和治学生涯。1997年,王余光等人等将祁承、吴应箕、陈梦雷、周永年四家所辑历代学人读书事迹与掌故汇为一编,加以译注,以《读书四观》之名出版。2002年,徐雁、谭华军、王余光等人主编的《中华读书之旅》"一星"至"三星"卷,收录古今中外大量读书事迹和读书方法。2013年,董志先等人编《劝学谚语》,精选一千七百余条论学谚语。

3.3 阅读指导资料整理和出版

古代的推荐书目,流传至今的数量不多,大多已有单行本行世,如《程氏家塾读书分年日程》《书目答问》等。特别是后者,自清末就有学者对其进行补充勘正,著名者如叶德辉的《书目答问斠补》(江苏省立苏州图书馆,1932)、范希曾的《书目答问补正》等,近年又有吕幼樵、张新民等人的《书目答问校补》。19世纪后半期以后,在西学东渐的影响下,中国人的传统读书观受到了剧烈的冲击,许多青年人对读什么?如何读?产生了迷茫。为了解决这个问题,很多著名学者受邀为青年学子开列书目,是我国推荐书目史上的一个发展高峰。2000年,邓咏秋、李天英辑录《中外推荐书目一百种》,汇集中外名家推荐书目百种,其中中国部分,大部分都是20世纪前期的。2002年,黄秀文主编《智者阅读:中外名报名刊名家的推荐书目》,选编了1920-2000年间,包括中国在内的七个国家的推荐书目。

4 结语

近年来,随着国家、社会各界对阅读的重视,阅读学研究也得到了越来越多的关注,相关成果层出不穷。但作为学科的基础,阅读史资料汇编方面的工作却比较滞后,极大地影响了相关研究的开展。在这种情况下,早日完成《中国历代阅读史料汇编》成了当务之急。希望通过本文的介绍,有更多同行关注阅读史料的搜集和整理,为阅读学研究增加一分厚重。

(2016年12月)

参考文献:

[1]陈寅恪著.陈垣敦煌劫余录序[M].金明馆丛稿二编.北京:三联出版社,2001:266

[2](新西兰)费希尔.阅读的历史[M].李瑞林,译.北京:商务印书馆,2009:前言

[3]王余光.中国阅读史研究纲要[J].高校图书馆工作,2007(2).:1-4

[4]傅璇琮.宁波通史·元明卷[M].宁波:宁波出版社,2009:128

[5]纪昀等.四库全书总目提要[M].石家庄:河北人民出版社,2000:2474

[6]徐梓.劝学:文明的导向/戒淫:荒淫的警钟[M].北京:中央民族大学出版社,1996:144-145

[7]舒新城.中国近代史教育史资料(上)[M].北京:人民出版社,1981:85

[8]朱明勋.中国家训史论稿[M].成都:巴蜀书社,2008:9

[9]王重民.中国目录学史论丛[M].北京:中华书局,1984:130

[10]李正辉.推荐书目源流考[J].图书馆,2011(4):139-140,143

[11]张仲民.从书籍史到阅读史——关于晚清书籍史/阅读史研究的若干思考[J].史林,2007(05):151-180

[12]张仲民.出版与文化政治:晚清的"卫生"书籍研究[M].上海:上海书店,2009:9-10

[13][14]达恩顿.何为书籍史？[M].//屈伯文,译.陈恒,耿相新主编.新史学·第10辑·古代科学与现代文明.郑州:大象出版社,2013:144,147

[15][16]周兵.新文化史:历史学的"文化转向"[M].上海:复旦大学出版社,2012:230

[17]钱存训.中国纸和印刷文化史[M].桂林:广西师范大学出版社,2004:367-422

[18]范军.出版文化史研究论著目录(2000-2004)[J].出版科学,2005(3):56-61

[19]肖东发、袁逸.20世纪中国出版史研究鸟瞰[J].北京大学学报,1999(2):126-135

[20]宋原放.中国出版史料·第一卷[M].武汉:湖北教育出版社,济南:山东教育出版社,2004:编辑说明

[21]詹冠群.试论书坊书目在传统目录学中的地位——建阳

书坊书目初探[J].福建师范大学学报,1992(4):134-139

[22]张金吾.爱日精庐藏书志·自序[M].冯惠民整理.北京:中华书局,2012

[23]顾苓.河东君传[M].何仲琴编辑.艳语·第3版.上海:广益书局,1928:1

[24]钱泳.履园丛话·卷二十·汲古阁[M].北京:中华书局,2012:579

阅读史与阅读推广的发展

陈幼华 黄琴玲 刘宁静

阅读,是个人及民族进步的基础路径。自古至今,我国产生了许多劝诫读书的箴言、众多的名人读书故事,以及多元的读书思想与方法,形成了丰厚的阅读历史与文化。北京大学王余光教授主编的十卷本《中国阅读通史》于2017年由安徽教育出版社出版,阐述了阅读史研究的基本框架与一般问题,记述了先秦至民国的阅读史,从每一历史朝代与阅读密切相关的社会环境、教育状况、文字与文本、图书出版与收藏、读者群体、阅读思想与方法、阅读风尚等方面,完整再现了我国数千年来的社会阅读风貌。现今,网络、电视,及丰富的休闲消遣项目占据了人类的视听与时间,阅读受到极大的冲击与挤压,作为社会文明程度及精神发育程度标识之一的国民阅读率成为国家及政府层面日益关注和希望推动的问题。阅读,尤其是纸本阅读与深度阅读,成为一种需要推广的对象。经过十余年的发展,阅读推广已掀起一股社会风潮、形成了一种社会事业。关于历代阅读史的研究是阅读推广研究的基石,而对阅读推广的历史梳理与展示则是当代阅读史的有机组成部分。本文对阅读推广的历史渊源、产生背景、发展现状进行纵横解析,以展示当代阅读推广风貌,并奠基于当代阅读史研究。

一、历史溯源

作为一个特定术语,"阅读推广"一词产生于2006年,确切地说,是在中国图书馆学会呼吁与倡导下而萌生的一个颇具时代意义的术语与工作领域。但是,"阅读推广"这个事物绝非凭空产生从天而降。根据涵括内容或方法上的重复性,我们可以从我国古代即产生的推荐书目、民国时期政府及包括图书馆在内的各类机构发起开展的读书活动、新中国成立后学校教学或图书馆的阅读指导等现象或术语中,找寻到而今的新概念"阅读推广"的历史根基。

推荐书目以"唐末士子之读书目"为最早,其后元代程端礼《程氏家塾读书分年日程》、清代龙启瑞《经籍举要》、张之洞《书目答问》等纷纷产生,可谓是我国最早的、至今仍被广泛采用的阅读引导推进方法。民国是我国阅读转型的重要时期,尤其是思想文化界关于读何种书的争鸣、政府的读书倡导,及日渐增多的新式图书馆推广图书馆使用的实践,逐步在民众心中植下阅读的种子。1920年代,《清华周刊》邀请胡适、梁启超分别开列《一个最低限度的国学书目》《国学入门书要目及其读法》,由之引发著名的胡梁之争。1925年,孙伏园主持的《京报副刊》征集到70余位学者开列的青年必读书十部。其中,鲁迅没有开列书目,只是发表观点认为应少读或不读中国书籍,又引起了广泛的关于应读中书还是西书,及该读哪些中国书的争论。这两场著名的争论影响面大、社会关注度高,对于其时的学子和社会民众的思想及阅读选择产生了重要的引导作用。1935年,中国文化建设协会发起"全国读书运动",号召发动学者名流、报社、书店、出版社、图书馆、民众教育馆、学校等主体开列推荐书目、介绍读书治学之法、举办读书会、读书演讲、展览、竞赛、图书优惠销售等活动,来推动国民阅读及文化水准的提升。除了思想文化界、政府行为外,民国时期新式图书馆发展迅速,"阅读指导"成为图书馆的重要工作,具体实践有:编制目录与索引及指导使用、展览、读书演讲、竞赛、读书会等。

1950年代,我国中小学教育者开始关注并研究"阅读指导"的问题,1980年代开始产生了关于图书馆阅读指导工作的研究。沈继武认为:"指导阅读的工作,是在熟知读者及阅读需要的基础上,参与读者阅读活动,积极影响读者选择阅读范围,使他们正确地领会文献内容,帮助他们学会利用文献和图书馆"[1]。1990年代,图书馆导读的概念开始被提出和研究。黄本华认为图书馆导读是在阅读指导基础上发展演变而来的,"是以图书馆的文献资源和馆舍设施为基础,以引导和影响读者阅读,提高阅读效率,提高选择和阅读文献的能力,提高利用文献的水平等为目的,以图书馆特定的工作方法为手段的一种活动(行为)过程"[2]。由学者们的论述可以看出,图书馆阅读指导或导读涵括了图书馆使用指导、阅读内容与方法指导、目录及工具书使用方法指导、文献检索知识教育等所有指导/引导/辅导读者利用图书馆、文献与阅读的服务及活动。从图书馆重点工作演变历史来看,过去被统括于导读工作范畴的内容项目逐渐分化及进一步拓展,成为专门的实践与研究领域,如参考咨询、信息素养教育,以及而今应时代需要脱颖而出的阅读推广。综合而言,虽然可以从国内过去的阅读指导或导读工作中追寻到阅读推广的历史轨迹,但整个20世纪我国图书馆事业还处于建设图书馆网络、健全现代图书馆服务能力的状态,阅读推广意识较弱,阅读推广活动较零散,其目标、理念、模式、规模等与当今提出的阅读推广均不可同日而语。

二、兴起历程

当今所言阅读推广的兴起与发展,可以说是政府倡导支持、中国图书馆学会引领推动的结果。我国政府部门有意识地倡导社会阅读,以1997年中央宣传部、文化部、国家教委、国家科委、广播电影电视部、新闻出版署等九部委发出《关于在全国组织实施"知识工程"的通知》为标志。"知识工程"办公室设于文化部图书馆司,以发展图书馆事业为手段,以倡导读书、传播知识、推动社会文明与进步为目的。2000年,知识工程领导小组把每年的12月定为"全民读书月",当年深圳市率先发起了"深圳读书月"活动。2004年4月23日,全国知识工程领导小组和文化部联合主办、中国图书馆学会和国家图书馆承办了以"倡导全民阅读、建设阅读社会"为主题的"世界读书日"宣传活动。2006年,中国图书馆学会科普与阅读指导委员会成立。同年,作为特定术语的"阅读推广"一词方开始在文献中被正式使用。2008年,《中国图书馆服务宣言》发布,第6条为"图书馆努力促进全民阅读。图书馆为公民终身学习提供保障,促进学习型社会的建设"[3],宣示了图书馆所肩负的阅读推广职责。2009年,中国图书馆学会科普与阅读指导委员会更名为阅读推广委员会。

在学界的呼吁努力下,国家政府文件中日益重视社会阅读问题,并出台相关法律法规保障及推进社会阅读。2011年出台的《关于深化文化体制改革、推动社会主义文化大繁荣大发展若干重大问题的决定》提出要大力发展公益性文化事业、深入开展全民阅读活动。2012年十八大报告要求开展全民阅读活动,2014-2017年政府工作报告均提出要倡导或推动全民阅读。2016年12月,《中华人民共和国公共文化服务保障法》、《全民阅读"十三五"时期发展规划》相继出台,后者显示着全民阅读问题已上升至国家战略高度。2017年6月国务院法制办审议并原则通过了《全民阅读促进条例(草案)》;11月《中华人民共和国公共图书馆法》出台,第36条要求公共图书馆通过开展阅读指导、读书交流、演讲诵读、图书互换共享等活动来推广全民阅读。

中国图书馆学会通过创建专业委员会、召开全国性阅读推广研讨会、举行评选、开展阅读推广人培训,组织出版阅读推广教材等方式,来引领全国阅读推广工作的开展。目前,中国图书馆学会阅读推广委员会分委会已从创建当年的15个增加至21个,每个分委会的人数约25人左右,吸纳了大量的阅读推广人员。自2006年起,学会开始举办"全民阅读论坛";2013年开始举行"全民阅读推广高峰论坛";各分委会也举办了很多极具特色的研讨会,如经典阅读推广委员会于2013年开始举办"经典亲近边疆·边远行"。这些研讨会极大地推动着阅读推广理论与实践的进展。为激励表彰全国阅读推广工作的开展,学会设立了"全民阅读示范基地"、"全民阅读先进单位"、"全民阅读优秀组织"、"阅读推广优秀项目"等评选活动,得到广泛的响应与参与。学会网站呈现出的品牌阅读活动有"世界读书日"、"全国少年儿童阅读年"、"中国文化风"、"绿色阅读"。2014年,学会在全民阅读推广峰会上启动了"阅读推广人"培育计划,迄今已成功举办9期培训班,培养了2100余名阅读推广人。

三、发展状况

阅读推广的发展状况主要体现于社会力量的关注度与参与度、实施广度与深度,以及成效与影响面。在建设全民阅读社会的形势下,在信息通讯技术及数字内容产业飞速发展的当今,一方面与图书密切相关的图书馆、出版社、书店不断革新,采用新思想新方法新模式,不遗余力推进社会阅读;另一方面数字内容提供商与服务商、数字平台商、通讯公司、门户网站、社交媒体等纷纷涉足阅读市场,提供移动阅读终端产品。另外,新形势也催生了一大批以会员形式经营的书刊出借机构,或公益组织,投身于社会阅读推广事业。这些社会机构、组织或个人,以各自擅长的方式,开展了丰富多彩、特色各异的阅读推广实践,在达成自身目标的同时推动着社会阅读的进展,共同构筑起波澜壮阔的社会阅读推广画面。

(一)图书馆阅读推广

图书馆是社会阅读的基础设施,也是毫无疑义的阅读推广主力。在阅读推广的形势下,图书馆从实体空间、组织结构、服务规划设计、方法、评估、合作与协作等方面进行了体系化革新,以履行新时代所赋予的历史使命。

在实体空间方面,图书馆通过空间再造构建起无所不在的阅读氛围。有的图书馆设置特色空间作为阅读推广的基地,如深圳图书馆"南书房"、同济大学图书馆"闻学堂";越来越多的图书馆则采取了在读者生活区内增设新型阅读空间的策略,将空间、书与服务送到读者身边,如河北沧州图书馆"城市书吧"、上海嘉定图书馆"我嘉书房"、重庆大学图书馆"松园书屋"。

在组织结构方面,许多图书馆重新布局与调整,设置专部或专岗来常态化开展阅读推广工作,如深圳图书馆"阅读推广部"、浦东图书馆"公共文化服务部"、上海交通大学图书馆"文化与特藏服务部"、同济大学图书馆"文化传承与创新交流中心"、武汉大学图书馆"咨询与宣传推广部"、中山大学图书馆公共服务部"阅读推广组"、华东师范大学图书馆"推广部"等。

在服务体系规划设计方面,阅读推广已成为图书馆的核心常规工作,青少年阅读推广、经典阅读推广、新阅读体验是阅读推广的工作重点和热点,如"青少年经典导读"是首都图书馆的重点工作内容、湖南省高校图工委"一校一书"活动也以经典为主题,南京大学"经典悦读计划"则是通过经典研讨课程+经典导读+阅读推广活动的模式来推广经典。

从方法来看,图书馆阅读推广呈现出立体多元、线上线下相结合、重创新创意的特点。一方面,展览、图书推荐、读书讲座、读书会、竞赛、图书漂流、阅读达人评选、朗诵、演讲、真人图书馆(Living Library)、阅读马拉松等方法被广泛应用于阅读推广实践;另一方面,数字阅读推广倍受推崇:有的图书馆利用新媒体开展阅读推广工作,有的图书馆定制数据库商的移动阅读APP来推进阅读,另有图书馆根据研制推出移动阅读终端,如上海图书馆"市民数字阅读"APP、上海交通大学图书馆"思源悦读"APP。

在考核评估方面,阅读推广成为图书馆的工作要求或是评估重点。2015年教育部修订颁布的《普通高等学校图书馆规程》第三十二条规定高校图书馆应积极参与校园文化建设,积极采用新媒体,开展阅读推广等文化活动。2017年文化部颁发的全国第六次公共图书馆评估定级标准中,"阅读推广与社会教育"成为新增的评估重点,数量指标包括:讲座培训次数、展览次数、阅读推广活动数量、数字阅读量占比、每万人参加读者活动人次、阅读指导、图书馆服务宣传推广。

从合作与协作看,图书馆阅读推广工作在内部会涉及跨部门协作,在外部往往涉及与多方机构的合作,在整合优势资源的基础上提升成效与影响力。图书馆体系化的阅读推广举措不仅有效地推进着国民阅读,也为自身的发展注入了生机和活力,使图书馆呈现出文艺而活跃的精神风貌。

(二)出版传媒机构的阅读促进

出版传媒机构在全民阅读的潮流中体现出越来越多的社会责任担当。作为图书的生产机构,过去出版社并不直接与读者有很多互动,在现今的阅读推广潮流中出版社越来越多出现在图书推广的环节。当前,出版社主要通过三种方式助推社会阅读。一为出版承载国家需求的精神思想的书籍,如由中宣部支持指导、文化部委托国家图书馆组织编纂出版的《中华传统文化百部经典》。二是研制推出数字阅读平台,如中华书局2016年推出微信版《中华经典古籍库》,开发有阅读导航、多字段检索、在线阅读、联机字典、图文对照、人名异称关联、纪年换算、笺注书签等功能,目前已上线1902种典籍、10亿字的内容[4],极大地方便了经典古籍的传播与利用,并已获得第四届中国出版政府奖。三是拓展业务,创办实体书店作为开展各类文化阅读活动的基地。广西师范大学出版社开创了"独秀书房"+"观文馆"的阅读推广品牌与模式。"独秀书房"设于文化与阅读资源较丰富的高校,是集读书沙龙、新书发布、作品签售、创作分享、书画展览、艺术课堂等复合体验功能于一体的创意型实体书店;"观文馆"借助微信、QQ、微博、喜马拉雅电台、荔枝电台等新媒体平台,通过"馆长+导师+小馆主"的人员组织形式,开展线上经典共读课程、线下经典阅读分享活动[5]。"独秀书房"+"观文馆"模式通过合作关系构建、实体文化阅读空间建设、活动化常规线上课程设计与开展、线下多元活动开展、层级式人员发展与组织,充分融合了出版社在图书出版销售、品牌打造、社会合作、举办文化活动等方面的优势,及新媒介环境下移动传播超越地域限制的优势,开创了新时期出版社推广阅读的新举措、新风貌。为推进全民阅读、体现社会责任担当,上海交通大学出版社创办集阅读、购书、文化、休闲功能于一体的实体书店——"阅读隧道"于2016年12月开幕。书店共三层,一楼为休闲咖啡吧,二楼为VR图书展示厅及新书发布会、读书会活动区,三楼为供阅读选购的精品图书。

以图书销售为基业的实体书店在全民阅读的背景及网络书店、数字内容传播的冲击下可谓经历了浴火重生式的发展,在达成机构目标的同时肩负起越来越多的城市公共文化空间的使命。

-239-

许多实体书店通过唯美文艺的空间设计布局、功能拓展、文艺展览、体验及举行沙龙活动的路径,升级更新为体验创意式的新型文化综合体,成为城市文化地标,体现出独特的文化精神风貌,维系并持续拓展读者群体。而今颇受追捧的钟书阁、先锋书店、诚品书店、西西弗、卓尔书店、不二书店、纸的时代等皆是以书店为基础的体验式创意文化综合体的代表。南京先锋书店探索出以"学术、文化沙龙、咖啡、艺术画廊、电影、音乐、创意、生活、时尚"为主题的创意品牌书店经营模式,成为集"建筑之元素、宗教之情结、人文之关怀"[6]的公共文化空间。西西弗持"参与构成本地精神生活"的价值理念、"引导推动大众精品阅读"的经营理念,以阅读体验式书店为主要经营形态,以满足"客群心理共性趋势需求"为目的,专业打造以物理空间体验为基础、以产品运营体验为核心、以服务互动体验为增值的"三位一体"复合体验模式[7]。除书店本身,西西弗还打造了"矢量咖啡"、"Booartlife不二生活"、"7&12 reading call"、《唏嘘》杂志等子品牌,以满足读者多元文化需求及增强读者文化体验。

响应当前文化发展及阅读推广的形势,传媒机构推出《朗读者》《中国诗词大会》《见字如面》《经典咏流传》等大受好评的节目,影响着大批观众接触、了解及阅读更多有价值的作品。

(三)数字阅读推广

信息通讯技术的迅猛发展,使得阅读资料的生产、发布、传播及使用方式发生了巨大的变化,推动着电信运营商、门户网站、电商、数字内容提供商与服务商等涉足社会阅读领域,推出数字阅读网站、APP等适应新一代用户阅读习惯的产品,成为人们越来越青睐的阅读对象。根据第十四次国民阅读调查数据,2016年我国成年国民数字化阅读方式的接触率为68.2%,较上一年上升了4.2个百分点,手机阅读接触率高达66.1%;我国成年国民手机阅读接触率及阅读时长连续八年增长[8]。根据易观[9]和速途研究院[10]的调查数据,掌阅iReader、QQ阅读、咪咕阅读、书旗小说、塔读文学、起点读书、熊猫看书、天翼阅读、爱阅读等占领了主要的移动阅读市场,其中前两者占据了一半左右的市场份额。移动阅读平台聚合了大量热门网络小说、经典名著,以及经管社科书籍,提供查找、分类浏览等发现机制,支持阅读过程中划线、笔记、分享等功能,并提供个人书架管理,极大地方便了读者在手机上利用碎片时间读书,有效地推动着国民的数字阅读。

(四)青少年阅读推广

青少年是培养阅读兴趣与习惯的最佳时期,因之少儿阅读领域吸引了不少亲子机构、公益组织或志愿者团体的加入。悠贝采用"嵌入式、轻资产、微创业"的运营模式,在儿童及家庭聚集的场所嵌入"一个人+一面墙",就形成了一个为0-8岁儿童家庭提供绘本及亲子阅读咨询服务的亲子图书馆。目前全国31个省市的230多个城市里已创建了900余家悠贝亲子图书馆,通过发展会员的方式推动亲子阅读。蒲公英乡村图书馆由爱心传递慈善基金会支持,致力于推进乡村儿童阅读,目前已在全国17个省市的49个县区落成了135座标准馆、18座非标准馆和1座中学馆,为乡村师生送去了超过50万册顶级儿童读物。作为民间公益组织,三叶草故事家族通过故事妈妈培训、专家阅读讲座、社区故事会、主题文化沙龙、新书试读会、年度讲述大赛、故事剧团等方式,推进亲子阅读进入家庭。目前,致力于推进亲子阅读的公益组织越来越多,如"上海阅读越精彩"通过创办公益阅读馆、组织创建社亲子阅读俱乐部、举行公益绘本阅读活动的方式来推广阅读。"故事妈妈"是一种新型的,通过定期走进课堂依托绘本或图书讲故事来推广阅读及生命教育理念的志愿者模式。

(五)新型阅读组织

推广阅读的社会需求催生了一批新型阅读组织,如基于网络挑选借阅图书、物流上门送取方式的新型图书借阅机构——知阅网,又如采取会员制运营方式、帮助及推动会员每年吸收50本书的精华内容的樊登读书会。另外,倡导书香社会的形势也推动了许多公益图书馆的产生,如依靠民间捐书运作的荒岛图书馆,文化名人高晓松建于北京的"杂书馆"及杭州的"晓书馆",设计师李晓东建于北京怀柔的"篱苑书屋",三联书店建于河北秦皇岛南戴河的海边公益图书馆等。

四、结语

阅读推广是当今阅读领域的焦点话题。从推广力量来看,社会阅读推广体系由政府、图书馆、书店、传媒机构、公益组织、数字阅读平台商、亲子阅读机构、图书出借机构、志愿者组织、个人等构成,以其专长的方式推动着社会阅读的进步,并呈现出合作共振的发展态势。图书馆、书店、出版社在打造文化地标、开展阅读活动方面越来越活跃,表现越来越亮眼,一定程度上有趋同及业态融合之势。民间图书馆、提供图书租借与指导服务的类图书馆机构日趋增多,不断驱动及满足多元社会阅读需求。传媒机构基于阅读的文化魅力及利用名人效应,推出越来越多的颇受好评的节目,培育及引导民众对于阅读与文化的兴趣。数字阅读平台商进入到阅读领域,推出阅读体验越来越理想、阅读功能越来越丰富的移动阅读平台,从数字阅读的角度来推进社会阅读。随着阅读推广形势的纵深发展,这些推广主体之间的合作协作会日趋增强,创新型阅读推广项目及模式也会不断增多,所产生的文化共振效应亦会越来越强。从推广方法体系看,制定政策法规、营建实体特色阅读空间、研制发布数字阅读平台、开展多元阅读推广活动,均是构成阅读推广方法体系的维度。从推广客体看,一切承载人类思想文化与科技精华的作品均是值得推广的作品,其中,具备文化传承作用的经典作品更是推广的重点。从推广对象看,所有需要阅读帮助的人均是阅读推广的对象人群,其中,尤以青少年、阅读困难群体为重点推广对象。纵观全局,精细化阅读推广将是实践的主要方向,将阅读促进服务与人们最关注的需求领域对接,并送到人们最方便获取的生活区域,保障所有人的阅读权利,培育社会阅读兴趣与习惯,提升阅读数量与质量,建成阅读之国,延续我国数千年来形成的"诗书继世"的优良传统。

(2019年5月)

参考文献:

[1]沈继武.藏书建设与读者工作.武汉:武汉大学出版社,1987:376

[2]黄本华.近几年关于图书馆读者导读工作研究概述[J].图书馆理论与实践,1996(03):31-34

[3]中国图书馆学会图书馆服务宣言(2008)[EB/OL].[2018-01-06].http://www.gslib.com.cn/xh/tqxw/08ztxy.htm

[4]古籍整理发布平台[EB/OL].[2018-04-03].http://publish.ancientbooks.cn/docShuju/platform.jspx

[5]刘艳.广西师范大学出版社阅读推广实践[J].现代出版,2017(5):57-59

[6]南京先锋书店[EB/OL].[2018-03-03].https://baike.baidu.com/item/%E5%8D%97%E4%BA%AC%E5%85%88%E9%94%8B%E4%B9%A6%E5%BA%97/7256264?fr=aladdin&fromid=6796797&fromtitle=%E5%85%88%E9%94%8B%E4%B9%A6%E5%BA%97

[7]吴静贤.城市实体书店创新经营模式的调查与思考[D].安

徽大学, 2017

[8]第十四次全国国民阅读调查报告出炉：2016年人均阅读7.86[EB/OL]. [2018-03-03]. http://book.sina.com.cn/news/whxw/2017-04-18/doc-ifyeimqy2574493.shtml

[9]中国移动阅读市场年度综合分析2017[EB/OL].[2018-03-03]. https://www.analysys.cn/analysis/8/detail/1000817/

[10]速途研究院：2017年Q3移动阅读市场报告[EB/OL]. [2018-03-03]. http://www.sootoo.com/content/673708.shtml

魏晋南北朝阅读理论探析

何官峰

在阅读文化研究,阅读实践研究,以及西方阅读史翻译推介等领域,国内学界已经抱有很大地研究热情与兴趣。近些年,对于中国阅读历史、阅读理论等方面的研究,学界也逐渐开始关注。那么在中国历史上,阅读理论的产生和发展有着怎样的一个过程,特别是早期的阅读理论都有哪些成果等问题,都需要深入研究和回答。笔者在文献爬梳的基础上,将对出现于魏晋南北朝时期的早期阅读理论,进行专门梳理和论述。魏晋南北朝时期,阅读理论初现端倪,但是一开始就占据历史性高度。刘勰的代表作《文心雕龙·知音篇》,系统地阐释了阅读知音论,堪称我国早期较成熟的阅读学专门理论,在中国阅读史上开创了阅读学理论的先河,为阅读学理论发展奠定了坚实的基础。包括后来钟嵘的阅读滋味说以及颜之推等人的阅读功能论,使魏晋南北朝成为中国阅读史上一个非凡的起步时期。

1 刘勰阅读知音论

刘勰,南北朝人,被后世称为著名的文学理论家。其代表作

《文心雕龙》,不仅在中国文学史上和文学批评史上占有重要的地位,而且,在阅读史上也有着不容忽视的地位。周振甫曾认为,在《文心雕龙·知音》篇中,"刘勰比较全面地讲到阅读理论"[1]。曾祥芹认为"魏晋南北朝时期伟大的阅读学家是刘勰,最杰出的阅读学著作是《文心雕龙》。特别是其中的《知音篇》,可以说是我国历史上最早、最完整、最严密的阅读学专论"。[2]

从文学的角度看,《文心雕龙·知音》主要是讲文学鉴赏;从阅读学的角度看,《文心雕龙·知音》系统而完整地阐释了阅读理解的知音论。刘勰借用知音来形容阅读理解文章之意,理解即是知音。

首先,刘勰在《文心雕龙·知音》开篇,借用知音之难来表达阅读理解文章之难。"知音其难哉! 音实难知,知实难逢,逢其知音,千载其一乎![3]"

其次,刘勰分析了阅读理解文章之难的原因。从阅读主体的普遍性看,从曹丕的"文人相轻"说,到文人常自觉不自觉表现出"贵古贱今"、"崇己抑人"、"信伪迷真"等问题[4],刘勰发现古人在阅读时难以真正理解作者及其文章的意义,并举例进行了说明。从阅读主体的特殊性看,个人的爱好多有所偏,不能做到周全兼备的理解文章。刘勰通过发现人们对容易查验的有形器物,都经常出现谬误;反观人们对"篇章杂沓,质文交加"的文章,在阅读时更是"文情难鉴"[5],刘勰认为主要原因在于阅读主体的个人差异

-247-

和特殊性。刘勰曰:"知多偏好,人莫圆该。慷慨者逆声而击节,酝藉者见密而高蹈;浮慧者观绮而跃心,爱奇者闻诡而惊听。会己则嗟讽,异我则沮弃。"[6]可见,如果阅读者不同,其个人偏好会影响他对文章理解的方向或角度不同,"各执一隅之解,欲拟万端之变,所谓东向而望,不见西墙也。"[7]

第三,刘勰对阅读如何知音的逻辑分析。其一,阅读"务先博观"。"凡操千曲而后晓声,观千剑而后识器;故圆照之象,务先博观。"[8]意思是说,先演练千支曲子而后能通晓音乐,先观赏千把剑器而后能识别宝剑;所以阅读理解文章,务必先要博览群书。其二,阅读要去除偏见。因为"无私于轻重,不偏于憎爱,然后能平理若衡,照辞如镜矣。"[9]好比照镜子,阅读者对文章不抱私心和偏见,阅读时才能清晰地看到文章的样子,准确地理解文章本义。其三,提出阅读六观。在前面先解决阅读者本身的一些问题之后,将进入阅读文章情理和内涵的阶段,刘勰提出了一套仔细阅读文本的操作方法,即"将阅文情,先标六观:一观位体,二观置辞,三观通变,四观奇正,五观事义,六观宫商。"[10]所谓"阅读六观":第一观文体是否合适,第二观文辞运用的情况如何,第三观文学的继承与革新方面做得怎样,第四观奇正等表达手法运用得如何,第五观运用事类如何,第六观文章在声律方面表现出的可读性怎样。运用这些方法之后,读者一般就可以对文章的优劣有所把握了。其四,阅读要"披文入情,沿波讨源。"[11]阅读者通过六观了解文章的情理,就像沿着水波去探寻作者思想感情的源头一样,"虽幽必显。世远莫见其面,觇文辄见其心。"[12]其五,阅读要废浅入深。刘勰认为,读者不能知音,常常不是因为文章太深奥,而是自己阅读鉴赏的能力太浅薄了。"夫志在山水,琴表其情,况形之笔端,理将焉匿。"[13]俞伯牙意在高山流水,用琴音就表达了他的思想感情,何况用文字表达出来的东西,感情怎能隐藏得住呢?"故心之照理,譬目之照形,目瞭则形无不分,心敏则理无不达。"因此"俗监之迷者,深废浅售"[14]是不可取的,阅读时要废浅入深。其六,会欣赏,阅读才能知音。因为只有具备深刻的认识能力,学会如何欣赏和阅读文章,才能看到文章奥妙的地方,才能感受到知音时的内心愉悦。这就像"春台之熙众人,乐饵之止过客。""盖闻兰为国香,服媚弥芬"[15],文章著作也是国之文明精华,会欣赏,才能看到它的美丽所在,才能知音,才能真正理解并与作者共鸣。因此,刘勰最后勉励道"知音君子,其垂意焉。"[16]

综上所述,刘勰的阅读知音论,是一个由浅入深地阅读理解过程。他先提出阅读知音之难的问题,并分析了原因,最后重点论述了阅读如何知音的问题。对于阅读如何知音的问题,刘勰认为,阅读之前,先要解决阅读主体自身的一些问题,"务先博观"和去除偏见。接着进入阅读文本阶段,刘勰提出"阅读六观"这样一套阅读范型,帮助阅读者鉴别优劣;"披文入情,沿波讨源"和"废浅入深",帮助阅读者把握文章情思义理;最后总结,会欣赏文章,

-249-

才能达到阅读知音。从理论的角度看,通过上述分析和论证,比较成熟的阅读理论,即阅读知音论已经形成。所以说刘勰是中国阅读学理论的开山鼻祖,其代表作《文心雕龙·知音篇》,堪称我国早期较成熟的阅读学专门理论,在中国阅读史上开创了阅读学理论的雏形,为后来阅读学理论发展奠定了良好的基础。

2 钟嵘阅读滋味说

钟嵘,南朝文学批评家,著有《诗品》流传至今。在《诗品·序》中,钟嵘从读者的角度来鉴赏品评诗歌,提出滋味说,这是我国最早的诗歌阅读专论。

《诗品·序》中评曰:四言诗"文约意广"[17],即文辞的形式简约但制约了宽广的内容;骚体诗"文繁而意少"[18],即文辞的形式繁芜但影响了所表达的内容。在与上述诗歌比较的基础上,钟嵘提出"五言居文词之要,是众作之有滋味者也"[19]。五言诗是"有滋味者",值得玩味品赏。

钟嵘认为判断诗有无滋味,主要有两个标准,一个标准是"指事造形,穷情写物,最为详切者"[20]。在文辞形式的基础上,突出"情"字,《诗品·序》中,钟嵘十二处用到"情"字,表达他对诗歌的认识和对一些诗作的品评。"摇荡性情,形诸舞咏"[21],"感荡心灵……非长歌何以骋其情?"[22]可见,诗以"吟咏情性"[23]。用此标准,他认为读西晋永嘉时期的诗篇"理过其辞,淡乎寡味"[24]。另一个标准是,"调采葱菁,音韵铿锵"[25]。从诗词文采方面,"词采华茂"[26]、"调采葱菁,音韵铿锵",突出文辞表达的形式美。读这样的诗歌,"使人味之亹亹不倦"[27]。

钟嵘进一步升华并总结道,"故诗有三义焉:一曰兴,二曰比,三曰赋。文已尽而意有余,兴也;因物喻志,比也;直书其事,寓言写物,赋也。宏斯三义,酌而用之,干之以风力,润之以丹彩,使味之者无极,闻之者动心,是诗之至也。"[28]从读者的角度看,如果诗歌本身协调好了兴、比、赋三者的关系,并且有"风力"和"丹彩"时,可以称之为"诗之至",那么,读这样的诗歌,滋味是"无极"的,会让读者为之心灵感荡。

钟嵘在品评诗歌时,抓住一条线索,就是滋味说。首先是有无滋味?他认为五言诗有滋味;其次是怎样的诗有滋味?内涵美上讲"穷情",形式美上讲"调采葱菁,音韵铿锵";最后是品诗的境界高低,诗的最高境界即"诗之至",对应的滋味是"无极"。由此,我们从读者阅读诗歌、品评诗歌的角度来看钟嵘的《诗品》及其《诗品·序》,其书名中的"品"字本身就蕴涵着品味滋味的意义,其"滋味说"可以说为读者提供了一种阅读诗歌的理论和方法。

3 阅读功能论

魏晋南北朝时期,一些名人从功能的角度分析了阅读的意义,诸如颜之推的阅读功利说、孙权的读书以自开益说、陆机的读书以颐情志说、束晳的读书藻练精神说,我们将这些观点统称为阅读功能论。颜之推、孙权主要从功用利益的角度来看待阅读的功能,陆机和束皙主要从精神意志的角度来看待阅读的功能。

3.1 颜之推阅读功利说

颜之推,南北朝至隋朝时期人。著有《颜氏家训》,在家庭教育发展史上有着重要的影响,后世称此书为"家教规范"。颜之推在《颜氏家训》中,劝诫子弟读书时,阐述了他对于读书功能的认识。

首先,认为读书可以增益德行,行道以利世。《颜氏家训·勉学》曰:读书"增益德行,敦厉风俗"[29],"修身利行","行道以利世也"[30]。颜之推认为,通过读书可以提高道德修养,修养提高后有利于言行,并进而对社会和他人有利。

其次,认为读书可以"开心明目,利于行耳。"《颜氏家训·勉学》曰:"夫所以读书学问,本欲开心明目,利于行耳。未知养亲者,欲其观古人之先意承颜,怡声下气,不惮劬劳,以致甘腴,惕然惭惧,起而行之也;未知事君者,欲其观古人之守职无侵,见危授命,不忘诚谏,以利社稷,恻然自念,思欲效之也;素骄奢者,欲其观古人之恭俭节用,卑以自牧,礼为教本,敬者身基,瞿然自失,敛容抑志也;素鄙吝者,欲其观古人之贵义轻财,少私寡欲,忌盈恶满,赒穷恤匮,赧然悔耻,积而能散也;素暴悍者,欲其观古人之小心黜己,齿弊舌存,含垢藏疾,尊贤容众,茶然沮丧,若不胜衣也;素怯懦者,欲其观古人之达生委命,强毅正直,立言必信,求福不回,勃然奋厉,不可恐慑也:历兹以往,百行皆然。纵不能淳,去泰

-252-

去甚。学之所知,施无不达。"[31]颜之推认为,读书可以使人增加知识,开阔眼界,有益于行为处事。除此之外,对于未知养亲者、未知事君者、骄奢者、鄙吝者、暴悍者、怯懦者等不同的人而言,可以通过阅读相应的图书,以达到晓明人伦事理,并转变行为态度和方式。因故,不能不说,读书有"开心明目,利于行"的功能。

第三,认为读书"犹为一艺得以自资"。《颜氏家训·勉学》曰:明《六经》之指,涉百家之书,"犹为一艺,得以自资。父兄不可常依,乡国不可常保,一旦流离,无人庇廕,当自求诸身耳。谚曰:'积财千万,不如簿伎在身。'伎之易习而可贵者,无过读书也。"[32]颜之推把读书当作一种谋生自保的手段,后世多有指责,因为过于功利化,把读书庸俗化。当然也有支持颜之推的论述,例如吉川忠夫在《六朝精神史研究》中,针对颜之推的这一观点说道:"尽管他把与农业紧密结合的庄园生活形态作为理想来描述,但是那始终只限于羡望。处在华北社会的他,只是一个'家无积财',又没有强有力的血缘关系的流亡贵族。首先作为迫切的现实问题,当然是必须寻求生活的手段,这样一来,大概读书也就被他当做'伎''艺'来认识了。"[33]关于这一讨论,也许仍然是见仁见智的话题。

第四,认为读书当"施之世务"。《颜氏家训·勉学》曰:"学之兴废,随世轻重。汉时贤俊,皆以一经弘圣人之道,上明天时,下该人事,用此致卿相者多矣。末俗已来不复尔,空守章句,但诵师言,施之世务,殆无一可。"[34]颜之推认为,读书当"施之世务",而不"空守章句,但诵师言"。最后他再次强调其观点,"当博览机要,以济功业。"[35]这些都是从阅读的功能方面,阐述阅读当以"施之世务"和"济功业"为目的。

3.2 孙权读书以自开益说

吕蒙是三国孙吴著名大将,曾被封为虎威将军。孙权爱惜其才,有一次就当面劝告吕蒙读书:"卿今并当涂掌事,宜学问以自开益。"[36]虽然吕蒙开始以军务繁忙为由想推卸,但是在孙权动之以情晓之以理地劝说下,吕蒙"始就学,笃志不倦"[37],并进而有了后来"士别三日,即更刮目相待"[38]的自诩。从中,我们可以看到,孙权对读书功能的一种态度,他认为像吕蒙这样的掌事者,应该读书以不断提高自己的修养和能力。

3.3 陆机读书以颐情志说

陆机,西晋文学家,"少有异才,文章冠世"[39],代表作有《文赋》、《君子行》等,刘勰《文心雕龙·才略》评其诗文曰:"陆机才欲窥深,辞务索广,故思能入巧而不制繁。"[40]陆机《文赋》论曰:"伫中区以玄览,颐情志于典坟。"[41]关于阅读的功能,陆机认为"颐情志于典坟",即阅读三坟五典,可以陶冶自己的情志。

3.4 束皙读书藻练精神说

束皙,西晋学者、文学家。著有《五经通论》、《发蒙记》、《补亡诗》等,其赋文笔质朴,有《读书赋》、《贫家赋》、《近游赋》、《劝农

赋》、《饼赋》等,其中《读书赋》是关于阅读的,现抄录于此:

耽道先生,澹泊闲居。藻练精神,呼吸清虚;抗志云表,戢形陋庐。垂帷帐以隐几,被纨素而读书。抑扬嘈囐,或疾或徐,优游蕴藉,亦卷亦舒。颂卷耳则忠臣喜,咏蓼莪则孝子悲,称硕鼠则贪民去,唱白驹而贤士归。是故重华咏诗以终已,仲尼读易于身中,原宪潜吟而忘贱,颜回精勤以轻贫,倪宽口诵而芸耨,买臣行吟而负薪。贤圣其犹孳孳,况中才与小人。[42]

束晳在《读书赋》中塑造了一个好读书的耽道先生形象。他认为阅读有"藻练精神"、修身养性、劝善戒恶的功能,并举例说明,"颂卷耳则忠臣喜,咏蓼莪则孝子悲,称硕鼠则贪民去,唱白驹而贤士归"。

(2014年6月)

参考文献:

[1]周振甫.引言[M]//曾祥芹等编著.古代阅读论.郑州:河南教育出版社,1992:2

[2]曾祥芹等编著.古代阅读论[M].郑州:河南教育出版社,1992:58-59

[3-16]刘勰.文心雕龙·知音[M]//周振甫.文心雕龙今译(附词语简释).北京:中华书局,1986:429,431-433

[17-28]梁钟嵘著,周振甫译注."诗品序"[M]//诗品译注.北京:

中华书局,1998:15-47

[29-35][北齐]颜之推.颜氏家训[M]//王利器撰.颜氏家训集解(勉学第八).北京:中华书局,1993:157-177

[33]吉川忠夫著.六朝精神史研究[M].南京:江苏人民出版社,2010:224

[36-38]陈寿撰[南朝宋]裴松之注."吕蒙传"[M]//三国志·吴书(卷五十四).北京:中华书局,1959:1274,1275

[39]房玄龄.陆机传[M]//晋书(卷五十四).北京:中华书局,1974:1467

[40]刘勰.文心雕龙·才略[M]//周振甫.文心雕龙今译(附词语简释).北京:中华书局,1986:423

[41]陆机.文赋[M]//[梁]萧统编,[唐]李善注.文选.上海:上海古籍出版社,1986:762

[42]束皙.读书赋[M]//郁沅,张明高编选.魏晋南北朝文论选.北京:人民文学出版社,1996:143

护佑读书种子的阅读精神
——以清代前期为例

何官峰

虽然清代读书人的际遇十分坎坷,屡遭文字狱、禁毁图书和科举八股文之害,但是清代读书种子未曾断绝,这得益于清代一批学人对读书种子精神的坚守,也得益于清代一批学人对读书种子的护佑。在清代,读书人的阅读环境越加糟糕,治学道路越加艰难,护佑读书种子的精神愈加显得可贵。在护佑读书种子精神的激励和感召下,清代前期的读书人坚守阅读,力行致用,犹如在一个艰难的时代完成一次精神的越狱。当然,所谓护佑读书种子的阅读精神,并非清代读者群体共有的精神特质,而是笔者对众多读书人身上阅读精神特质的聚焦和凝练,旨在彰显这个时代读书人身上的优良精神品质,意在期望护佑读书种子的阅读精神能继续光昭后世,为传播中华文化和传承中华文明凝心聚力。

1 何谓读书种子

读书种子,"不仅仅是指'能读书做学问的人'(《现代汉语大辞典》),而主要是指极爱读书之精神的承接、深入,并可影响、传递于后人,让文化像种子一样播撒开去,繁衍不息的一种境界"[1]。从文献中发现,"用到'读书种子'时,或说'绝矣',或说'留''传',均非指'读书之人',而是特指'读书之习'。台湾中国文化研究所编辑的《中文大辞典》对'读书种子'的解释是:'谓读书人世代相传如种子之衍生不息也。'因此,这'读书种子'之称,更多地则是指一种文化传承现象"[2]。对于读书种子的含义,我们可以从两个层面来理解,从字面和本义的层面而言,"读书种子"是指向具体的读书者个体;从抽象和引申含义的层面而言,"读书种子"是指读书精神和文化的传承与延续。

2 清人有关读书种子的论述

在清代文献中,我们发现很多作者在文章中用到"读书种子"一词,现列举数条,以便理解清代人对"读书种子"的认识和对"读书种子"精神的期望。

钱谦益在《列朝诗传》中曰:"功甫(钱允治)殁……其遗书皆散去。自是吴中文献无可访问,先辈读书种子绝矣。"[3]表达了对钱允治去世的哀悼和对读书种子难以延续的忧伤之情。

王永彬在《围炉夜话》里写道:"家纵贫寒,也须留读书种子。人虽富贵,不可忘力穑艰辛。"[4]表达了家境即使非常穷困,也要勉励子弟用功读书,留下读书种子。

赵翼《题女史骆佩香秋灯课女图》诗曰:"岂知深闺读书种,也要传心度针孔。"[5]表达了对女性阅读的称赞,并指明读书种子不分男女的观念。

叶良仪在《余年闲话》中列举了古代三段有关"读书种子"的论述,然后提出自己的看法,"裴晋公云:'吾辈但可令文种无绝,然其间有成功,能致身卿相者,则天也。'黄山谷云:'四民皆有世业,士大夫子弟,能知忠信孝友斯可矣,但不可令读书种子断绝。'叶石林云:'后人但令不断书种,为乡党善人足矣,若夫成否则天也。'此三公之语意正同,然余以为古人之所谓读书种子者,欲其子弟明义理也,欲其子弟资学问也,若今人之心惟知欲其子弟取富贵,如子叔疑之所为耳,岂真能教之读书哉,不知人家子弟有富贵而陨其家声者,有贫贱而振其世业者,其贤不肖之相去原不在于穷达也,近见人有彻夜勤读至于呕血者,群称为佳子弟。余独劝以夜读书不可过子时,盖人当是时,诸血归心,一不得睡,则血耗而病生也。夫如皇甫士安之耽玩典坟,忘寝与食,自以为朝闻道夕死可矣,犹觉非宜,况徒欲读书取科第,而竟以身殉之,不亦愚之甚乎。"[6]叶良仪认为,发扬"读书种子"精神的意义,在于激励后代读书明白义理,读书增长学问,而不是只图富贵和取科第。

齐学裘,"以诗名著江左",曾作有诗文记录他遇见"读书种子"的欢喜之情,诗中尽显作者读书之乐。有《戊寅四月廿七日,龙门书院与刘融斋先生并其门人吴子弓、孙子明、孙子舆诸子谈论阴符经笺注,回寓见子明和诗二十韵,情文盎盎,有感于中,四叠前词作诗答之,并呈融斋先生》曰:"老年好吟诗,梦醒披衣起。

喔喔鸡初鸣,磨墨还伸纸。执笔书所怀,难忘二三子。骚坛逢健将,精锐有如此。我欲曳兵逃,恐被人笑指。努力与周旋,胜败不暇揣。海碧与天青,高山和流水。而我居其间,逍遥游未已。艺海茫无边,道藏深无底。独学无友朋,孤陋真堪耻。何事乐余心,读书而已矣。孙康好读书,砚穿良有以。读书种子逢,焉得不欢喜。顾子惭德凉,何能益乎尔?忧患为生机,穷通听天使。颇爱出蓝青,深恶夺朱紫。晏子善交人,一敬全终始。龙门慕执鞭,不愧为贤士。名师与高弟,尽是东南美。我乐与交游,醇醪甘酌彼。学者贵精勤,时术之如蚁。偶阅《阴符经》,讨论道之理。思之复思之,鬼神通奥旨。莫讶笺者非,须求悟者是。一得解真言,不忘到没齿。切磋而琢磨,此乐知奚似。刘向传经师,门前盛桃李。担簦负箧来,不远百千里。论交十余年,爱我忘我鄙。何物致吾忧,心香一瓣耳。"[7]齐学裘自述老年时期以读书吟诗为乐事,遇见读书种子,心中大喜,并以古人遇知音之美相赞誉,此外记述了作者与友人读书论学的交往,抒发了以读书相交的深厚情谊和愉悦心情。

袁栋,其斋名为书隐楼,著有读书笔记《书隐丛说》等。袁栋曾撰文《读书种子》,批驳了当时重科举时文的伪"读书种子",认为"读书种子"当从读诗古文为开端。有《读书种子》曰:"但做时文者,虽斟经酌史,未必原原本本,大都剿袭而成,故名为读书种子,实则仅存种子而已。若宪心古学,有得于诗古文者,即不能为圣为贤的是读书种子,以他日见用,致君泽民缺不得此种学问也,不然徒守此虚意,而设施并无实据,何以致君泽民乎,切莫谓古学之仅供文辞也,切莫谓学诗古文者之仅为文士也,诗古文是读书之端也。"[8]

3 如何护佑读书种子

从清代学人的文献记载看,清人似乎比历代读书人更重视"读书种子"精神,也许是他们遭遇了历史上最糟糕的读书时代,所以更加珍惜和渴望读书种子的延续与"读书种子"精神的传承。为了护佑读书种子及其读书精神,清人想出了一些有效的办法,其中包括以下几个方面。

3.1 重视后代读书,劝勉子弟勤读书,护佑读书种子不绝。

金圣叹本身就是爱读书之人,称为"读书种子"应该当之无愧。他在临终赴难时,遗憾的是胸前几本未能评点完的书,有《绝命词》曰:"鼠肝虫臂久萧疏,只惜胸前几本书。虽喜唐诗略分解,《庄》《骚》、马、杜待何如?"[9]金圣叹不希望带着遗憾离开人世,对其子金雍报以"读书种子"的期望,有言曰:"(吾儿雍,不惟世间真正读书种子,亦是世间本色学道人也。)与汝为亲妙在疏,如形随影只于书。今朝疏到无疏地,无着天亲果宴如。"[10]金圣叹自信留读书种子在人间,将继续发扬光大读书精神,有临终遗志曰:"东西南北海天疏,万里来寻圣叹书。圣叹只留书种在,儿子雍,累君青眼看何如?"[11]

清人汪缙著有《木受轩记》,文中曰:"木受绳则直,荀子《劝学篇》中语也。取以名轩,劝学也。我家诸父能学者,不下四五人,卒不能奋于科第,用是后起者寡然,不学则已,学而厄甚矣。从兄弟之能学者,大兄庭玉,未受室卒。三兄德光,受室,无子卒。诸父相与太息曰:'我家读书种子绝矣。'余时在旁闻之,未尝不痛其言之悲也。嘻,读书种子其果绝邪?轩为五伯父读书处。余始受句读时,恒喜倚壁窃听其哑唔声,庸讵知余复读书其地也。余弟季晋……意以读书种子或在是。而不意其遽卒也……虽然荀子有言'生乎由是,死乎由是,'劝学之旨,尽于斯矣。以死生而贰者,不知学者也。余既扁其轩,复系之以记,盖欲使来者,毋忘读书也。"[12]汪缙在《木受轩记》中表达了其家族对读书种子的渴望,但是其家中有希望读书的子弟相继去世,他特为读书处"木受轩"撰写纪文,勉励后人,表达了对后代读书种子的期待。

鲁九皋,清代文学家,著有《山木居士集》。鲁九皋在《答黄穆修书》中,阐述了他的从政为官方略,认为垣曲地区的文风较盛,劝勉黄穆修勤于文教,鼓励和培育读书种子,曰"祖传读书种子不可自我而断"[13],如此可以为子孙立业,建立功勋。

3.2 编修图书,以飨读书人,不仅作者是读书种子,而且著书有助于读书种子不绝。

金堡,明末进士,清初剃发为僧,工于书画,著有《颂斋书画录》、《徧行堂集》等。金堡的一位朋友请他为所著书籍撰写序文,他盛赞这位朋友的著述之功用,不仅称这位朋友是"读书种子",而且赞其功绩在于让读书种子不绝。有《与郑牧仲隐君》曰:"承示读书种子欲绝,先生以一读书种子发生无量读书种子,则文字之功,信有不可泯没者。"[14]金堡在文中还批判了文字狱之残酷,"文字之祸比来颇酷"。

冯询曾撰文《题族叔植园公遗集》,记述了其族叔冯之基(字植园)撰写图书的精思、博采之功,表彰冯之基为读书种子,同时劝勉子孙后代勤于读书,让读书种子不绝。"读书种子非叔谁,如叔读书心勿疑。一卷如金如璧圭,子子孙孙永宝之。"[15]

3.3 藏书用以借阅、传抄和馈赠,护佑读书种子不绝。

钱曾,清代藏书家、版本学家。钱曾在《也是园书目序》中,记述了钱允治(又字功甫)向钱谦益赠送藏书的对话。如果后来能兑现承诺,也是一段佳话,堪比蔡邕赠书王粲,能成就护佑读书种子之功劳。"吴门钱功甫,高士也。牧翁释褐后,即与之交。一日语公:'吾老矣,藏书多人间未有本子。公明日来,当作蔡邕之赠。我欲阅,转就公借。他年属纩时,公与我料理身后事。'牧翁喜甚,质明往,其意色闵默,已不肯践宿诺矣。嗟乎!读书种子,习气未除,斤斤护惜,非独一功甫然也。"[16]

钱曾,长期致力于访求和收藏图书,与叶林宗是志同道合之友。叶林宗去世后,钱曾撰文纪念两人的深厚友谊,并感叹"读书种子几乎灭绝矣"。钱曾后来从叶林宗的弟弟叶石君那里借到

《陆德明经典释文》(三十卷),并为之撰写了题跋,纪念此事:"吾友叶林宗,笃好奇书古帖,搜访不遗余力。每见友朋案头一帙,必假归躬自缮写,篝灯命笔,夜分不休。我两人获得秘册,即互相传录,虽昏夜叩门,两家童子闻声知之,好事极矣。林宗殁,余哭之恸,为文以祭之曰:'昔我与君,定交杵臼;奇文同赏,疑义相剖。春日班荆,夜雨剪韭;君书我书,君酒我酒。垫巾步屧,频繁往来……'君亡来三十余年,徧访海内收藏家,罕有如君之真知真好者,每叹读书种子,几乎灭绝矣。此书原本,从绛云楼北宋椠本影摹,逾年卒业。不惜费,不计日,毫发亲为是正,非笃信好学者,孰能之。君殁后,予从君之介弟石君借来,石君卓识洽闻,著史论甚佳,交予如林宗,亦不可谓之两人也。予述此书所自,而题语专属林宗,或冀后日君托此书以传,不至名氏翳如,是予之愿耳。"[17]

黄丕烈,清著名藏书家、目录学家、校勘家。黄丕烈嗜好藏书,勤于搜求古书。有次他从一书贩那里得到一本书《草莽私乘》一卷(明钞本),他特为珍惜,因为这本书的流传,历经名家收藏,书中题跋颇显藏书家可敬可爱之性情意气。黄丕烈认为如果藏书家都能像李如一那样,有人向他借书必尽快送到,读书种子可以绵绵不绝。黄丕烈特为此书撰文记录购书经历,有《草莽私乘一卷(明钞本)》题跋曰:"余性嗜书,非特嗜宋元明旧刻也,且嗜宋元明人旧钞焉。如此书,载诸《汲古阁珍藏秘本书目》……无论是书本属史传记类,为足收藏,出于名钞名藏,尤为两美,即其第二跋中所言江上李如一之性情意气,亦颇可敬可爱。见图籍则破产以收,获异书则焚香肃拜。其与人共也,遇秘册必赍书相问,有求假必朝发夕至,且一经名人翻阅,则书更珍重。此等心肠,断非外人能晓其一二。余特为拈出,知古人之好书有如是者。安得世之储藏家尽如之,俾读书种子绵绵不绝邪。"[18]

张金吾,清代著名藏书家、版本学家、刻书家。张金吾在《爱日精庐藏书志》的自序中,先后引述黄庭坚和丁顗的言论,阐明他自己藏书护佑读书种子的意志,"宋黄庭坚有言曰:'士大夫家子弟不可令读书种子断绝,有才气者出,便名世矣。'丁顗有言曰:'吾聚书多矣,必有好学者为吾子孙。'是则金吾藏书之意也夫。"[19]张金吾不仅好藏书,而且思想开明,出借其藏书以嘉惠学林,护佑读书种子。

（2016年9月）

参考文献：

[1] [2]初国卿."读书种子"索解[N].沈阳晚报,2010-04-24(T1)

[3]叶昌炽著,王欣夫补正,徐鹏辑.藏书纪事诗[M].上海:上海古籍出版社,1989:199

[4]王永彬.围炉夜话[M].武汉:崇文书局,2012:134

[5]赵翼.瓯北集（下）[M].上海:上海古籍出版社,1997:903

[6]叶良仪.余年闲话(卷四)[M]//四库未收书辑刊编纂委员会.

四库未收书辑刊(拾辑·拾壹册)[M].北京:北京出版社,2000:79-80

[7]齐学裘.劫余诗选(卷二十)[M]//《续修四库全书》编纂委员会编.续修四库全书(1531)[M].上海:上海古籍出版社,2002:554

[8]袁栋.书隐丛说(卷三)[M]//四库全书存目丛书编纂委员会.四库全书存目丛书(子部第116册)[M].济南:齐鲁书社,1995:451

[9-11]金圣叹著,艾舒仁编次,冉苒校点.金圣叹文集[M].成都:巴蜀书社,1997:60

[12]任继愈主编,吴翌凤编.清朝文征(下)[M].长春:吉林人民出版社,1998:1461-1462

[13]鲁九皋.山木居士外集(卷二)[M]//《续修四库全书》编纂委员会编.续修四库全书(1452)[M].上海:上海古籍出版社,2002:628

[14]金堡.徧行堂集(尺牍卷九)[M]//澹归和尚著,段晓华点校.徧行堂集(2)[M].广州:广东旅游出版社,2008:308

[15]冯询.子良诗存(卷十六)[M],清刻本

[16]叶昌炽著,王欣夫补正,徐鹏辑.藏书纪事诗[M].上海:上海古籍出版社,1989:199

[17]钱曾.读书敏求记[M].北京:书目文献出版社,1984:13-14

[18]黄丕烈著,屠友祥校注.荛圃藏书题识[M].上海:上海远东出版社,1999:120-121

[19]张金吾著,冯惠民整理.爱日精庐藏书志[M].北京:中华书局,2012:2